Schmerz, der kleine Bruder des Todes

-

Yannic Neuhaus

Yannic Neuhaus
Schmerz, der kleine Bruder des Todes

Jugendroman

Bibliografische Information der Deutschen Nationalbibliothek:
Die Deutsche Nationalbibliothek verzeichnet diese Publikation
in der Deutschen Nationalbibliografie; detaillierte
bibliografische Daten sind im Internet über http://dnb.dnb.de
abrufbar.
© 2022 Yannic Neuhaus
Herstellung und Verlag: BoD – Books on Demand, Norderstedt
ISBN: 978-3-7557-1005-9

# ! *Warnung* !

**Diese Geschichte beinhaltet Mobbing, Selbstmord, sexuelle Übergriffe und häusliche Gewalt.**

**Solltest Du diese erfahren haben, lies die Geschichte nicht alleine.**
**Sprich darüber und suche falls nötig Hilfe.**

**Eine mögliche Anlaufstelle findest Du hier: https://www.147.ch oder unter der Telefonnummer: 147**

# INHALTSVERZEICHNIS

## 1)

Rückblickend auf ihre Entscheidung kann sie nur zugeben, dass sie nie hätte zustimmen sollen. Wie blöd war sie auch? Wie blöd war er?

Es war ein kalter Sonntagabend. Eine sanfte Brise wehte durch die Stadt und liess alle Menschen sich in ihren wohligen Betten einkuscheln. Der zunehmende Mond wurde immer wieder von Wolken überdeckt, welche die Welt in einen dunklen Umhang eintauchten, nur durch Strassenlampen, die die leeren Strassen bewachten, durchbrochen.

An jenem Sonntagabend tanzte Ellena, als wären Ferien. Sie tanzte auf der Tanzfläche eines Clubs, der für gute Musik und lange Abende bekannt war. Spotlights flackerten in allen Farben, die Nebelmaschinen liessen Nebelschwade entstehen, die über den polierten Tanzboden waberten. Laute Musik sorgte für eine gute Stimmung. Ellena schwang ihre Hüften zum Takt und sang zu unzähligen Liedern, egal, wer ihre schwachen Versuche, Lady Gaga nachzuahmen, hören konnte. Dass sie überhaupt im Club war, grenzte an ein Wunder. Der Club war ab achtzehn und sie war erst sechzehn. Zum Glück hatte der Guard keine allzu guten Augen.

«Hey», ertönte schwach die Stimme von Theo, der sich einen Weg durch die tanzende Menschenmenge suchte. «Ich habe dir eine Mische mitgebracht». Er reichte Ellena einen halbgefüllten Becher. Sie griff danach, schnupperte daran und runzelte lächelnd die Stirn. «Wodka»?

Theo lachte. «Na logisch? Denkst du, ich kaufe Bier?»

Ellena schüttelte den Kopf und roch erneut an dem Getränk, was sie stark an die vielen gemeinsamen Saufabende erinnerte. Was sie alles schon erlebt hatten, war erstaunlich: Schlägereien, Verletzungen, Krankenhaus und noch viele andere vergessene Erinnerungen.

Doch dieser Sonntagabend war anders als die bisherigen: Am nächsten Tag war Schule.

War das schlau? Nein. Machte es Spass? Aber hallo. Es war das Unvernünftige, was diesen Abend zu etwas Besonderem machen sollte. Es war das Verbotene, das Blödsinnige, was sie antrieb. Und natürlich Theo, der sich keine Mühe gescheut hatte, sie zum Kommen zu überreden.

«Du weisst schon, dass wir morgen wieder Schule haben, oder?», fragte Ellena lächelnd und blickte auf den Becher in Theos Hand, der bis an den Rand gefüllt war. Wodka tropfte über seine Hand, immer dann, wenn jemand ihn tanzend anrempelte.

«Ist ja erst morgen, nicht? Wir haben noch den ganzen Abend Zeit, uns zu besaufen und noch die ganze Nacht, um auszunüchtern». Theo nahm einen grossen Schluck. Sie setzte ihre Lippen an den Becher und nahm ebenfalls einen Schluck. Die Mische schmeckte vorzüglich und brannte leicht in der Kehle, was sie aber schon gewöhnt war.

«Tanzen?», fragte Theo nur. Ellena nickte und beide tranken auf ein Zeichen hin in schnellen Zügen den Becher leer. Was der DJ für Lieder aufsetzte, wusste sie nicht. Es war ihr auch egal, aber sie waren perfekt für diesen Abend.

Wie schön sie doch ist, dachte Theo. Ihre blonden Haare flogen hin und her, auf und ab. Die braunen Augen, die mit einem leichten Teint von Grün durchzogen waren, leuchteten, wie Theo es bei niemandem zuvor gesehen hatte. Ihr rundliches Gesicht wurde von einem wunderschönen Lächeln und strahlend weissen Zähnen vollendet. Ellenas sportliche Statur machte ihre Erscheinung perfekt. Was ihren Charakter anging? Sie war lustig, cool, nett und verrückt auf ihre Art und Weise. Aber was Theo am meisten schätzte: Sie war immer für ihn da. Das Ding war nämlich, dass Theo vor einigen Jahren gemobbt worden war. Aber es war nicht zu schlimm für ihn, weil Ellena an seiner Seite war und immer für Ablenkung gesorgt hatte. Nie verlor sie das Gute in ihm aus den Augen. Sie war auch noch an seiner Seite, als sie ebenfalls ins Rampenlicht des

Mobbings geriet. Ellena war da. Immer. Solange er sich erinnern konnte. Sie war wie eine Schwester für ihn und noch mehr.

Ja, Theo fühlte die Liebe in sich, wie sie jedes Mal wuchs, wenn er sie lächeln sah, wenn er in ihre Augen blickte.

Aber wie sagt man das jemandem, den man schon so lange kennt?

Was er aber nicht wusste – Ellena stand nicht auf ihn. Er war nicht hässlich. Er hatte blonde, stark gelockte Haare, die auf seine Schultern fielen. Seine blauen Augen waren wie der weite Ozean. Seine Statur war zwar nicht sehr sportlich und er hatte seine Schwimmreifen um seinen Bauch, was ihn aber nie weniger wertvoll gemacht hatte. Nicht für seine beste Freundin.

Der Grund, wieso Ellena Theo nicht liebte, war ein anderer: Sie stand auf keinen Jungen. Sie wusste es schon länger, aber hatte niemandem etwas gesagt, aus demselben Grund, wieso man sich zuerst verstellt, bevor man sein wahres Ich zeigt: Was mochten die Anderen denken?

Sie hatte ganz einfach Angst. Angst, wie sich ihr Umfeld verändern würde, wie ihre Eltern reagieren würden, wie sich Theo verhielt. Ja, es galt als etwas ganz Normales, jedoch nur solange, bis sich jemand im eigenen Umfeld outete. Das war jedenfalls das, was sie dachte.

Nur schade, dass ihre Ängste sich bestätigten...

Sie tanzten weiter, tranken weiter. Beide fühlten den Alkohol und wie er ihr Gemüt veränderte und sie zum Sklaven der Gesprächigkeit machte.

Ellena fühlte sich leicht, vollkommen schwerelos und einfach nur glücklich. Aus dem einfachen Grund, da sie sich keine Sorgen machen musste, wie sie mit ihrer Sexualität umgehen sollte. Hier, mit Theo und dem Einfluss von Alkohol war es einfach eine kleine Sache im Hinterkopf, die an einer eisernen Tür klopfte. Es war nicht mehr von Bedeutung.

«Komm mit», sagte Theo plötzlich, nahm Ellena an der Hand und führte sie über die immer voller werdende Tanzfläche. Erstaunlich, wie viele Menschen sonntags noch Party machten. Ellena folgte ihm und entschuldigte sich unaufhörlich bei den tanzenden Menschen, die sie anrempelte. Ihre Gangart war ungeschickt und kurvig.

«Hey, wo gehen wir hin?», lallte sie. Theo lief weiter. Schliesslich standen sie auf der Terrasse. Ihr Blick schweifte über die Gebäude, die um sie in die Höhe ragten. Viele der Fenster waren erhellt, nur noch wenige Autos waren auf den Strassen unterwegs, die an anderen Tagen mit langen Staus belastet wurden.

Die kalte Luft wehte durch die stille Nacht. Sanft ertönte die Musik aus dem Treppenhaus hinter ihnen. Ellena atmete die frische Luft tief ein und wieder aus. Was für ein schöner Abend.

«Hast du kalt?», fragte Theo, der sich die leuchtende Stadt ebenfalls anschaute. Ellena, die ihre Arme um ihren Körper geschlungen hatte, nickte. Theo legte seine Gucci Jacke um ihre Schulter, die er für wertvoller hielt, als es ihr Aussehen zuliess. Still beobachteten sie die Stadt.

Nach wenigen ruhigen Minuten holte Theo ein Plastiksäckchen aus seiner Hosentasche hervor.

«Was ist das?», fragte Ellena. Ihr Kopf klärte sich schnell vom Alkohol an der frischen Luft. Misstrauisch schaute sie sich den Inhalt an.

«Ecstasy», antwortete Theo, «bereit für ein Abenteuer»? Er schüttelte das Säckchen. Es erinnerte sie an Brausetablette. Ellena schüttelte den Kopf. «Theo», begann sie, «du weisst, dass morgen Schule ist, oder? Ich will nicht unter Drogeneinfluss in die Schule».

Was genau dachte er sich dabei? Ja, er war immer der Rebell, der sich mit verschiedensten Partydrogen und Rauschmitteln eingedeckt hatte, aber er hatte immer Rücksicht auf seine

Zukunft genommen, hatte immer vernünftig gehandelt. Wieso heute nicht?

«Ach, komm schon. Es ist nicht viel», erwiderte er und nahm eine kleine Pille hervor. Giftgrün schien sie zu leuchten, als wollte sie sagen: «Schluck mich nicht».

«Theo, nein», sagte Ellena entschieden und umschloss seine Handgelenke mit einem festen Griff. Ihre Augen tränten. Sie wusste, dass etwas nicht stimmte. Mit Theo. Sein Konsum hatte sich verstärkt, aus welchem Grund auch immer, und sie machte sich Sorgen um ihren besten Freund. Sie war oft mit ihm unterwegs und hatte viele Abende erlebt, an denen er reichlich konsumierte, aber dass es so viel wurde und so oft, das machte ihr Angst.

«Du musst ja nicht», sagte er, löste sich aus Ellenas Griff und schluckte die Pille.

Sie stand wie geschockt da, hatte ihren Mund zu einem lautlosen «Ah» geöffnet.

«Du machst mir langsam Angst, Theo», sagte sie, als sie ihre Stimme wiederfand.

Er nahm einen Schluck aus einem Becher, welcher mit einer Flüssigkeit gefüllt war, bei dem es sich sicher nicht um Wasser handelte.

«Theo», rief sie jetzt. «Hör auf». Ellena riss den Becher aus seiner Hand und schüttete dabei den halben Inhalt auf die betonierte Terrasse. «Hey», rief er nur.

«Es reicht», sagte Ellena mit strenger Stimme, die sich um Theos Gesundheit sorgte. «Was ist nur los mit dir»?

«Ich bin nervös, okay?», antwortete er nach kurzem Zögern. Ellena sah ihn verdutzt an. «Wieso»?

Sie ahnte weshalb.

Nervös, trotz den vielen alkoholgefüllten Bechern und der Ecstasy-Pille, die jedoch noch keine Wirkung zu haben schien, rieb er sich seine Hände.

Theo wich Ellenas Blick aus und schaute auf die Stadt hinab, ihre Frage ignorierend. Er atmete mehrmals tief ein, während sie auf eine Antwort wartete, interessiert, aber auch mulmig, was aus seinem Mund kommen könnte.

«Hör zu», begann dieser schliesslich zitternd. «Ich will nicht, dass es zwischen uns komisch wird, aber wir haben uns immer alles erzählt und ich denke, dass es besser ist, wenn du es auch weisst».

Er stützte sich plötzlich auf das Geländer. «Boah, die Pille drückt rein, eh».

Ellena näherte sich ihm und legte sanft ihre Hand auf seine Schultern. «Setz dich. Bevor du mir noch von der Terrasse fällst», sagte sie und begleitete Theo zur Wand, wo sie sich beide herabgleiten liessen.

Er atmete weiter tief ein und aus, die Augen geschlossen, versuchend, den Herzschlag zu verlangsamen. Er schwitzte.

Ellena wusste nicht, wie lange sie dasass und die Wolken beobachtete, die am dunklen Nachthimmel vorbei flogen, während die Wirkung der Pille sich bei Theo entfaltete. Dreiviertel Stunde? Eine Stunde?

Jedenfalls war sein Kopf plötzlich auf ihrer Schulter. Schwer lag er da und drückte auf den Knochen.

«Ellena?», begann er. Er blickte in ihr Gesicht. Was es für Liebesgefühle in ihm auslöste. Sein Herz sprang, hüpfte auf und ab.

«Ich liebe dich», sagte er.

«Ich liebe dich auch», erwiderte Ellena.

Und plötzlich war er da. Der Moment. Der Kuss.

Es war, als wären sie im Himmel. Die Gefühle herumschwirrend und kreisend, laut schreiend nach mehr. Jedoch nur für Theo, jedoch nur für einen ganz kurzen Augenblick, bis Ellena sich zurückzog und aufstand.

«Als Freund», rief Ellena, die sich überrannt fühlte, überrascht. Theo blickte enttäuscht auf. Schwankend kam er auf die Beine.

«Tut mir leid», entschuldigte sie sich, die Theo falsche

Hoffnungen gemacht hatte. War ihre Freundschaft nun zerstört?

«Ich dachte…», begann Theo, der sich abstützen musste.

«Es tut mir leid, aber ich kann dich nicht lieben», erklärte sie. Im Nachhinein war es der Satz, den sie nie hätte aussprechen sollen. Hätte sie doch nur gesagt, dass es ihr leidtue, dass sie nicht bereit war, oder etwas in der Art.

Theo runzelte die Stirn. «Wieso nicht? Bin ich zu fett für dich?», fragte er, in dem die Wut zu wachsen schien, gemischt mit Enttäuschung und Trauer.

«Nein, es ist nicht das».

«Hast du einen Freund»?

«Es ist…».

«Bist du in jemand anderes verliebt»?

«Nein, ich…».

«Liam? Jakob? Alexander? Claudio? Tim? Lukas»?

«Ich liebe keine Männer, okay?», rief Ellena schlussendlich und erzählte so ihr grösstes Geheimnis, das, was sie noch nicht hätte tun sollen, wozu sie noch nicht bereit war. Nun war es zu spät.

Theo blieb in der Bewegung stecken, den Mund geöffnet, die Augen geweitet. «Oh», hauchte er nur und stolperte einige Schritte zurück, die Hände Gleichgewicht suchend ausgestreckt. Ellenas Herz pochte, als würde ein Krieg darin wüten, in dem immer wieder Handgranaten losgingen. Ihre Angst wuchs auf ein Maximum. Adrenalin schoss durch die Adern, feuerspeiend und schmerzend, als würde Lava dickflüssig ihren Weg freifressen. Sie bekam Gänsehaut, sie schauderte. Die verschiedensten Geräusche der Stadt ertönten, als kämen sie aus einer anderen Welt, fernab der Kälte, die sie ebenfalls nicht mehr wahrnahm.

Der ungläubige Ausdruck in Theos Gesicht, in seinen Augen, machte sie verrückt.

Nur ein «Oh» mehr kam aus seinem Mund.

«Ich meine..., dass... ist okay»? Er fuhr sich durch die gelockten Haare, ein schwach erzwungenes Lächeln zeigte sich. Während Theo sprachlos dastand, fiel bereits eine enorme Last von ihren Schultern. Schon nur dieser Satz war für sie besser als die vielen Szenarien, die sie sich überlegt hatte.

«Schau mich nicht so an».

«Wie denn»?

Sie rollte mit den Augen. «Als würdest du mich nicht kennen». Nickend setzte sich Theo wieder, den Kopf gesenkt. «Wieso hast du es mir nicht früher gesagt»? War er verletzt? Beleidigt? Ellena zuckte nur mit den Schultern.

«Weil ich nicht wusste, wie du reagieren würdest», erklärte sie und setzte sich ihm gegenüber. «Ich hatte Angst, okay? Ich hatte Angst, dass du es nicht verstehen würdest, dass du dich von mir abwendest».

Diesmal war er es, der die Schulter zuckte. Zitternd versteckte er sein Gesicht in seiner Jacke und fing zu schluchzen an.

«Theo!», sagte sie leise. «Es tut mir leid. Ich wollte nie, dass es so weit kommt. Ich wusste einfach nicht, wie ich es sagen konnte. Und es tut mir leid, dass du deswegen weinen musst. Es tut mir leid, Theo. Bitte».

Wieder hob er nur seine Schultern und wehrte ihren Arm ab, den sie tröstend um ihn legen wollte.

«Sag was».

Er schüttelte den Kopf, während er schniefte und sich tiefer in seiner Jacke versteckte. Wie eine Kugel sah er aus. Ellena kannte dieses Verhalten bereits von ihm und setzte sich deshalb neben ihn und hielt sich mit Worten zurück, während sie wartete.

Still sassen sie da, gelegentlich ertönte ein Schniefen. Während sie sich über die kommende Zukunft Sorgen machte, versuchte Theo sich zu beruhigen, sich so gut wie möglich mit der Tatsache abzufinden, dass Ellena, die Liebe seines Lebens, homosexuell war. Für den Moment war es unmöglich. Auch

Ellena verlor einige Tränen. Das war eine ihrer Charakterschwächen: Sie sah sofort immer das Schlimmste in jeder Situation, ob sie jetzt realistisch war oder nicht, echt oder nur ein Hirngespinst.

Beide schauderten in der Kälte, doch niemand fand, dass sie bereit waren, sich zu erheben und sich von den wohltuenden Temperaturen des Clubs wärmen zu lassen.

Nach etlichen weiteren Minuten durchbrach sie die Stille: «Willst du noch einen Shot»? Ein kurzes Zögern folgte.

Schliesslich nickte er.

Es dauerte trotzdem noch einige Minuten, bis sie sich schliesslich erhoben. «Komm her», sagte Ellena und zog Theo in eine herzliche Umarmung, die er erwiderte. «Es tut mir leid», entschuldigte sie sich ein weiteres Mal.

Nur ein Schulterzucken erhielt sie von dem Jungen, der mit roten verweinten Augen plötzlich ganz schwach wirkte.

«Willst du lieber nach Hause?»

Leise antwortete er: «Bleiben».

Gemeinsam verliessen sie die Terrasse und tauchten wieder in die Welt der lauten Musik und Gelächter ein. Währenddessen hatte sich die Tanzfläche auf nur wenige Menschen reduziert, die allerdings eher herumtorkelten als tanzten. Stickige Luft machte das Eintreten unangenehm.

«Zwei Shots bitte». Ellena musste beinahe schreien, damit der Kellner sie hören konnte. Sie setzten sich auf die Barstühle und warteten auf die Getränke.

«Ich gehe schnell auf das WC», sagte Theo abwesend und verschwand, ohne auf eine Antwort zu warten.

«Zwölf Franken». Der Kellner stellte zwei kleine Gläser mit einer orangen Flüssigkeit auf die Bar und nahm das Geld entgegen.

Ellena fühlte sich so schlecht wie seit langem nicht mehr. Sie hatte jemandem das Herz gebrochen. Theo war jetzt sicher im WC und heulte sich weiter die Augen aus, dachte Ellena, die überlegte, ob sie ihm hinterhergehen sollte. Doch kurz darauf setzte er sich auf den Barhocker, verstaute seine Brieftasche und rümpfte die Nase. Er nieste.

Er bedankte sich für das Glas, das vor ihm stand, und trank es mit einem Zug. Er bestellte sich gleich zwei weitere.

«Theo. Ich...», begann Ellena. «Ist schon gut. Ich werde darüber hinwegkommen». Er lächelte plötzlich über beide Backen, als hätte er sein gebrochenes Herz vergessen. «Geniessen wir den Abend noch».

Die restliche Zeit des Abends, beziehungsweise des Morgens, hatten sie Spass und erfreuten sich, der Vorfall nur noch eine Erinnerung aus der Vergangenheit. Tanzend, lachend, redend, trinkend. Es war plötzlich wieder ein gewöhnlicher Saufabend zwischen zwei besten Freunden.

Um zwei Uhr nachts verliessen sie den Club und machten sich auf den Weg nach Hause. In paar Stunden war ja schliesslich Schule.

«Hör zu». Theo suchte nach den geeigneten Worten. «Du sollst wissen, dass es zwischen uns nichts ändern wird, nur weil du homosexuell bist, okay»?

Sie nickte glücklich und fiel in seine Arme.

Wie konnte sie an Theo zweifeln? Er war ihr bester Freund, und besten Freunden erzählte man alles. Man vertraute ihnen. Wie konnte sie das nur hinterfragen?

## 2)

Der nächste Morgen war hart. Ellena stand um sieben Uhr mit pochenden Kopfschmerzen und einem leeren Magen auf, der nach Essen rief. Nur wusste sie aus Erfahrung, dass sie nichts zu sich nehmen sollte, da er nach einem alkoholisierten Abend immer empfindlich war. Sie zerrte sich aus dem Bett, den gestrigen Abend nur noch verschwommen in ihren Gedanken. Was war passiert?

Sie wusste nur noch, dass sie, aus welchem Grund auch immer, ihr Geheimnis ausgeplaudert hatte. Oder war das nur ein Traum?

Jedenfalls ging sie gähnend in die Küche, wo ihre Eltern bereits am Tisch sassen und still an ihrem Frühstück kauten. «Hmm».

«Dir auch einen guten Morgen, Ellena. Gut geschlafen?», fragte ihre Mutter, ohne aufzusehen. Beide lasen Zeitung.

«Hmm».

«Du warst lange weg».

«Hmm».

Ellena war nicht in der Stimmung, ihren Mund aufzumachen. Nicht um mit anderen Menschen zu sprechen. Sie holte ihr Müsli hervor, schüttete sich Orangensaft in ein Glas und setzte sich zu ihren Eltern. Weiterhin waren sie auf die Zeitung fokussiert.

«Warst du mit Theo unterwegs»?

Sie nickte.

«Ich hoffe, ihr wurdet nicht intim»?

Wie bereits gesagt: Niemand wusste von ihrer Sexualität. Schon gar nicht ihre Eltern. Um das verstehen zu können, muss man die Beziehung zwischen Heidi und Peter kennen:

Sie waren nicht das perfekte Liebespaar, wie sie sich üblicherweise versuchten darzustellen. Sogar vor Ellena versuchten sie ihre Probleme und die unzähligen Affären zu verstecken, die ein und aus gingen.

Heidi und Peter hatten sich in der Kirche kennengelernt, wo sie jeden Sonntag zum traditionellen Gebet gegangen waren. Man könnte sagen, dass sie sich nicht wirklich geliebt hatten oder sich besonders attraktiv fanden. Wahrscheinlich war es nur die Gesellschaft und die Eltern der beiden, die ihre Liebe aufgezwängt hatten.

«Ach, wie schön sie doch als Paar sind». Diesen Spruch kriegten sie oft zu hören, obwohl sie nicht einmal ein Paar waren.

Aber sie gaben sich einen Versuch, gaben der Hoffnung auf Liebe eine Möglichkeit, ihre Wirkung zu entfalten.

Es hatte für eine kurze Zeit geklappt, immerhin wurde Heidi auf einmal mit Ellena schwanger. Die Liebe jedoch hielt nicht lange an, verschwand schnell wieder.

Was sie noch beisammenhielten, war ihre Tochter und die Angst einer Ablehnung der Gesellschaft. Wie würde das aussehen? Zwei erwachsene und verheiratete Personen, die sich nicht so verhalten, die nicht so leben, wie es die Kirche oder wie es die eigenen Eltern beigebracht hatten?

Sie bleiben zusammen, jedenfalls im Schein nach.

Das einzige Problem, war das Ziel, das sie versuchten zu erreichen: Eine perfekte Tochter. Ihre ganze Philosophie beinhaltete dieses fehlerlose Kind.

Wenn sie schon ein ungewolltes Kind hatten, dann eines, das nicht viele Probleme verursachte. Das war der Grundgedanke, den sie verfolgten.

Ellena hatte dies schnell gelernt und war deshalb immer vorsichtig, was sie ihnen erzählte und was sie für sich behalten sollte. Ihre Sexualität war etwas davon. Eine frauenliebende Tochter passte einfach nicht in das Bild der perfekten Tochter.

«Dad», rief sie, «wir sind nur Freunde».

Der Kuss.

Sie erinnerte sich plötzlich wieder daran, als wäre ein Vorhang gefallen, der alles verdeckt hatte. Ihr Herz fühlte sich plötzlich ganz schwer an.

«Alles in Ordnung? Du bist plötzlich ganz blass», bemerkte ihre Mutter.

Ellena ass schweigend weiter und machte sich für die Schule bereit. Wie konnte das passieren?

Sie ging warm gekleidet aus dem Haus und wartete nervös auf Theo, der für gewöhnlich immer frühzeitig vor ihrer Haustür stand. Heute erschien er mehrere Minuten zu spät. «Hallo», sagte er nur und begrüsste sie mit einer verschlafenen und schwachen Umarmung. Seine Augen waren klein und rot. Sein Atem stank nach Alkohol und seine teure Jacke verströmte einen ätzenden Geruch. Seine Füsse latschten über das Trottoir.

«Du siehst aber kaputt aus, ey».

Theo zuckte mit den Schultern. Gelassen machten sie sich auf den Weg zur Orientierungsschule.

«Gestern war voll cool», sagte er.

«Ja, war es». Stille. «Was ist genau passiert?»

Er rollte die Augen, was bei seinen kleinen Augenschlitzen nicht spektakulär aussah. «Zusammengefasst? Ich habe dich geküsst und du hast verraten, dass du auf Frauen stehst». Er lächelte.

Da war die Bestätigung, dass alles kein Traum war. Wie konnte sie so fahrlässig handeln?

Theo musste ihren Blick und ihre Körpersprache gedeutet haben, denn er versicherte ihr erneut, dass es für ihn kein Problem sei.

Sie liefen durch das Quartier, durchquerten einen menschenleeren Park und tauchten schliesslich in das Stadtzentrum ein, wo sich die hohen Gebäude und die Schule befanden. Nach rund zehn Minuten erreichten sie den Menschenstrom, der sie direkt in das Innere der neuen Schule leitete. Strahlendweisse Wände waren mit farbigen Gemälden geschmückt, Lampen erhellten den grossen Eingang und die dahinterliegenden Korridore, die sich wie ein Labyrinth durch das Gebäude schlängelten. Braune Türen öffneten die Schulzimmer, die für viele wie ein Folterkeller waren.

«Geht's dir gut, Theo?»

Er war plötzlich ganz rot im Gesicht und hatte Schweissperlen auf der Stirn. Er hielt sich den Bauch.

«Jaja», antwortete er nur und lief in das Schulzimmer, wo Frau Heimlich sich für die kommende Biologiestunde einrichtete. Theo liess sich auf seinen üblichen Platz fallen.

Während die anderen Schüler sich um die Hausaufgaben kümmerten, drehte sich plötzlich alles. Es fühlte sich so an, als würde er in einen Strudel fallen, der sich mit hoher Geschwindigkeit um sich selbst drehte. Sein Blick wurde verschwommen, unscharf. Mit beiden Händen hielt er sich am Pult fest und wartete auf ein Abklingen des Schwindels. Theos Herzschlag beschleunigte sich. Er schloss die Augen, bemerkte, dass es die Sache nur noch verschlimmerte und riss sie so weit wie möglich auf.

«Ey, Theo», ertönte eine Stimme, wie durch eine Wand.

«Gestern einen heftigen Abend gehabt»?

Er ignorierte die Rufe und das Gelächter und atmete stattdessen tief ein und aus.

«Ich muss aufs WC», sagte er, als sich plötzlich sein Magen bemerkbar machte. Speichel war plötzlich in Unmengen vorhanden. Schnell bahnte er sich den Weg durch das Klassenzimmer, stiess an Pulte und rannte durch die sich leerenden Flure auf das WC zu.

Für eine kurze Zeit konnte er sich im Spiegel anschauen, bevor sich sein Mageninhalt entleerte.

Erschöpft lehnte er sich über die Kloschüssel.

«Theo». Ellena stand kurze Zeit später hinter ihm und drückte ihm Wasser und Tücher in die Hand, die er, wieder erbrechend, entgegennahm.

«Was hast du alles zu dir genommen»?
Sie rüttelte an ihm, um ihn wach zu halten. Er antwortete nur,
indem er ihre Hand verärgert wegstiess. Er wollte nicht mit ihr
sprechen. Nicht weil er enttäuscht, beleidigt war, sondern weil
er sich müde fühlte und die Kloschüssel bequemer war als ein
Kissen.
«Was ist los mit dir? Du machst mir Angst».

Genervt hievte sie seinen massigen Körper von der Schüssel
auf und lehnte Theo vorsichtig an die Wand. Ellena machte sich
ernsthafte Sorgen.
«Lass mich!», sagte er nur, kämpfte aber nicht gegen sie an.
Sein Kopf prallte gegen die Holzwand, was ihn aber nicht
weiter zu stören schien. Schweissflecken zeigten sich jetzt
sogar durch den Pullover. Sein Blick verlor sich in den Tiefen
von Ellenas Augen, schien sie aber nicht wahrzunehmen, als
würde er hindurchblicken.
«Geht's besser»?
Er reagierte nicht.
«Theo», rief sie und schüttelte ihn. Sein leerer Blick
verängstigte sie. Er hatte Ähnlichkeiten mit den Augen einer
Leiche.
Langsam regte er sich wieder und antwortete mit leiser
Stimme: «Das war doch etwas zu viel, nicht»?
«Ach, was du nicht sagst. Was hast du alles genommen?
Jedenfalls nicht nur Ecstasy, oder»?
Er zuckte mit den Schultern.
Die Schulglocke läutete zum Unterricht. Ellena betätigte die
Spülung.
«Naja...», begann er, «Alkohol, Ecstasy, Koks». Er zählte die
Drogen mit den Fingern auf, so, als müsse er nachdenken, ob
er nicht noch etwas vergessen hatte. Es blieb bei Alkohol,
Ecstasy und Kokain. So war jedenfalls der Stand seines
Wissens.
«Koks»? Ellena flüsterte, sollte ein Lehrer nach ihnen suchen.

«Hätte ich lieber nicht mehr genommen».

Was hatte sich Theo nur dabei gedacht? Normalerweise blieb es bei nur einer Droge pro Nacht, eventuell wurde er zu einer weiteren überredet, aber noch nie hatte er aus freien Stücken so viel zu sich genommen.

«Ich rufe deine Eltern an. Sie sollen dich abholen». Sie holte ihr Handy hervor.

Theo war anderer Meinung.

«Nein», sagte er nur. «Du kannst in deinem Zustand nicht hier bleiben. Die Lehrer werden es merken. Sie sind nicht blöd».

Er schüttelte nur den Kopf.

«Es geht nicht um die Lehrer. Denen ist eh alles egal. Meine Eltern dürfen nichts erfahren». Vergebens versuchte er sich zu erheben, fiel aber immer wieder auf seinen Hintern.

«Sie denken immer noch, dass du ein unschuldiger Engel bist? Sie müssen es wissen»!

Er versuchte abermals aufzustehen und schaffte es schliesslich nach unzähligen Versuchen. Schwankend und wohl auch etwas schwindelig kam er auf die Beine.

«Ich glaube nicht, dass ich mich nochmals so zudröhnen werde. Also wird nicht nötig sein».

Das war gut, nicht? Ellena war die Veränderung seines Konsumverhaltens aufgefallen. Es war nicht immer so gewesen, bis er wohl Gefallen daran gefunden hatte. Sie hatte sich des Öfteren Sorgen um seine Gesundheit gemacht und die Möglichkeit in Erwägung gezogen, sein Problem seinen Eltern zu erzählen. Das war wohl nicht mehr nötig.

«Ich verspreche es dir».

Das genügte fürs Erste. Da sich Theo entschied am Unterricht teilzunehmen, gingen sie zurück in das Klassenzimmer, wo Frau Heimlich schon auf sie wartete.

Sein rötliches Gesicht und die Tatsache, dass er immer noch vor Schweiss tropfte, schien sie nicht als merkwürdig zu empfinden.

Der restliche Schultag verging, ohne dass Theo auf die Toilette rennen musste. Sein Zustand verbesserte sich allmählich und er konnte sogar ein kleines Stück Pizza zu sich nehmen.
Er blieb weiterhin bei seinem Vorsatz, keine Drogen zu sich zu nehmen. Das dachte Ellena jedenfalls.
Doch das änderte sich schon am nächsten Tag.
Wie gewöhnlich startete der Morgen vor Ellenas Haus, wo Theo schon auf sie wartete. Er sah wieder ganz gesund und munter aus, nur noch etwas müde sei er.
In der Schule angekommen, stand Leon plötzlich vor ihnen. Er war ein hübscher Mann, sportlich und gross, hatte ein kantiges Gesicht. Viele Mädchen hatten einen Crush auf ihn, obwohl er alles andere als eine gute Persönlichkeit hatte. Er war der typische «Ich-hasse-Schule-Typ» und der allzu bekannte Mensch, der alle Mitschüler verhöhnte, die versuchten, etwas aus ihrem Leben zu machen. Leon war auch die Person, die Theo in der fünften Klasse gemobbt hatte, aber das hatte dieser angeblich hinter sich gebracht.
Er und seine Bande waren gefürchtet, weil sie sich nichts gefallen liessen. Und obwohl sie nicht sonderlich nett waren und nicht für andere Menschen einstanden, wurden sie als cool angesehen.
«Kannst du härteren Stoff besorgen? Für Salomées Party», fragte er, ohne Ellena eines Blickes zu würdigen.
Theo nickte. «Klar. An was hast du gedacht»?
«Egal. Nimm einfach das, worauf du Bock hast». Mit diesen Worten lief Leon weg.
Ellena sah Theo fragend an. «Ich dachte, du hast keinen Bock mehr auf Drogen». Er zuckte nur mit den Schultern und lief zum Klassenzimmer.

«Reg dich nicht auf. Wird nicht so schlimm wie am Sonntag», versprach er ihr.

«Wann ist die Party?», hakte sie nach. Er schwieg.

«Theo! Wann?», sagte sie entschlossen und griff seinen Oberarm, sodass er in ihre Augen sehen musste.

«Heute. Nach der Schule».

Sie war sichtlich enttäuscht. Sie setzte wirklich Hoffnungen in ihn, er sich von dem Drang, Drogen zu konsumieren, loslösen könne.

«Hey, keine Angst. Ich werde nüchtern bleiben». Für Ellena war es nicht genug, aber ab einem gewissen Punkt musste man Freunden vertrauen, weshalb sie ihm nicht ins Gewissen redete. Es war schliesslich auch seine Leber, seine Gesundheit und sein Leben. Aber auch, wenn es seine Probleme waren, widerstrebte es ihr, nichts zu tun und ihn in diesen bodenlosen Abgrund gehen zu lassen.

Es war schliesslich Abend und der lange Schultag war vorbei. Unmotiviert machte sie die Mathehausaufgaben und kochte für sich. Ihre Eltern waren nicht da. Wo sie waren, wusste sie nicht.

Sie hatte vergessen, dass Theo eine Party hatte. Das war wohl die übliche Reaktion, wenn man Freunden vertraute. Sie dachte nicht daran, wie er sich möglicherweise mit Drogen vollpumpen und wie er am nächsten Morgen wieder in der Schule erbrechen könnte. Für sie war es wie ein gewöhnlicher Abend: Ellena sass entspannt auf dem Sofa und zappte durch die langweiligen Fernsehserien, die sie alle bereits gesehen hatte. Nebenbei ass sie salziges Popcorn. Sie kuschelte sich in eine wollige Decke ein, um sich in der kühlen Wohnung warm zu halten.

Plötzlich klingelte ihr Handy. Auf dem hellen Bildschirm leuchtete der Name «Theo». Es war ein Videoanruf.

Sie schaltete den Fernseher aus und drückte die grüne Taste.

«Theo»?

Sein Gesicht tauchte auf. Seine blonden Haare standen in allen Richtungen ab, als hätte er einen Stromschlag gekriegt. Rote kleine Augen und eine von weissem Puder gefärbte Nase standen im Kontrast zueinander. Hinter ihm hing eine Discokugel und reflektierte alle möglichen Farben durch eine Nebelwand. Vielleicht war es auch Rauch.

Einige ihr bekannte Menschen tanzten zu einer lauten Musik, andere hielten Zigaretten und Joints in der Hand, wieder andere versuchten sich so ruhig wie möglich, ein weisses Pulver durch die Nase einzuverleiben.

Was sie schockte, war nicht die Tatsache, dass diese Party bei weitem schlimmer war als die, bei der sie dabei war, sondern weil Theo in deren Mitte war und Becher um Becher trank.

Was sich darin befand, musste sie nicht mal fragen.

«Ellena, hallo», lallte er und nahm sein Handy ganz nah an sein Gesicht, sodass Ellena nur noch sein Auge sah.

«Theo», sie sprach laut, damit er sie verstehen konnte, «was machst du da»?

Er lächelte nur und riss Grimassen, als würde er Selfies machen, während Leon und andere Klassenkameraden hinter ihm standen und ihn anjubelten. Sie hielten weitere Becher in den Händen, die er unter Jubelrufen austrank.

Plötzlich verdrehten sich seine Augen. Nur noch weiss war zu sehen.

Dann fiel er um und lag bewegungslos auf dem Boden.

## 3)

Ellena stand mit weiten Augen da und sah entsetzt auf den Bildschirm, wo sie nur noch die leuchtende Decke des Clubs sah. Er schien sich nicht mehr zu rühren.

«Theo», schrie sie abermals. Er reagierte nicht. Nervös und verängstigt lief sie durch das Wohnzimmer, weiterhin seinen Namen schreiend, darauf wartend, dass er vielleicht wieder zu Besinnung kam.

Dann erschien plötzlich ein fremdes Gesicht. Das letzte, was sie sah, war ein Lächeln und dann nur noch Schwärze. Jemand hatte aufgelegt.

«Nein, nein, nein».

Zitternd wählte sie seine Nummer. Niemand nahm ab. Ein zweiter Versuch, ein dritter, vierter. Es blieben alle unbeantwortet. Sie fluchte.

Sie versuchte es bei denen, die sie während dem Videoanruf gesehen hatte. Es waren nicht viele, da sie nicht von allen die Nummer hatte, aber auch da erhielt sie keine Antwort.

Entweder war es zu laut oder alle kümmertn sich um Theo. Beides gefiel ihr nicht.

Ellena beschloss ihre Mutter anzurufen. Sie wusste sicher, was sie zu machen hatte. Nach wenigen Sekunden antwortete sie: «Was gibt's?»

Sie erzählte, was passiert war und fragte, was sie machen sollte. «Du hast niemanden erreicht, oder? Dann ruf seine Eltern an».

Daran hatte sie auch gedacht. Was sie bisher zögern liess? Theos Eltern wussten von nichts. Sie dachten immer noch, dass er ein unschuldiger Engel war. Die Folgen wären Hausarrest und Schlimmeres. Auch wenn er sich durch seinen Konsum schädigte und seine Zukunft gefährdete, hielt sie diese Idee nicht für die beste. Ausserdem waren die Partys für ihn wie eine Erholung. Er konnte sich gehen lassen und einfach an nichts mehr denken. Vor allem von der Schule musste er oft

seinen Kopf abschalten. Nicht, dass er dumm war, aber er hatte einige Schwierigkeiten mitzuhalten.
Diese, wenn auch ungesunde Art sich zu beruhigen, wollte sie ihm nicht nehmen. Aber gab es eine andere Möglichkeit?
«Ich bin leider beschäftigt. Auf mich kannst du leider nicht zählen», entschuldigte sich ihre Mutter. «Dein Vater ist auch weg, oder»?
Ellena war also alleine und der Club auf der anderen Seite der Stadt. Ohne Auto würde es zu lange dauern, um rechtzeitig bei Theo zu sein. Er war nicht ohne Hilfe, da war sie sich sicher, trotzdem hätte sie sich besser gefühlt, wenn sie bei ihm gewesen wäre. Sie wollte zumindest wissen, wie es ihm ging. Vielleicht war er im Koma, hatte von jeder Droge eine Überdosis und starb, ohne sich zu verabschieden. Sie brauchte einfach die Sicherheit, dass er in Ordnung war und da sie die einzige war, abgesehen von seinen Eltern, die ihn so gut kannte, um sagen zu können, wie es ihm auch psychisch ging, war es für sie wichtig.
Ein letztes Mal wählte sie seine Nummer. Wieder nichts.
«Scheisse».
Sie fuhr sich durch die Haare, wählte eine andere Nummer und hoffte, dass jemand auf der anderen Seite der Leitung war. Sie betete zu Gott, dass sie da keinen Fehler machte. Nach dem fünften Piepen ertönte eine verschlafene Stimme.
«Hallo?»
Ellena war zutiefst erleichtert.
«Ich bin's, Ellena. Ich glaube, Theo braucht eure Hilfe».
Seine Eltern hörten sich geschockt an, als sie von seinen wöchentlichen, mittlerweile täglichen, Saufabenden hörten. Zum Glück zögerten sie nicht lange und fuhren zum Club.
Ein Stein fiel von ihrem Herzen, das sich langsam beruhigte. Jemand war für Theo da. Auch wenn sie nicht selber da war, sie wusste, dass es ihm gut gehen würde.
Keine halbe Stunde später klingelte ihr Handy.
«Es geht ihm soweit gut. Er ist im Spital».

Theo wachte erst um dreizehn Uhr auf. Sein Handy lag mit vielen unbeantworteten Nachrichten neben seinem Bett. Ständig vibrierte es. Nach einem besonders lebhaften Alptraum wachte er auf. Schmerzen schlugen in einem regelmässigen Rhythmus gegen den Schädel. Seine Augen brannten im grellen Sonnenlicht. Er schwitzte, gleichzeitig zitterte er. Seine Augen, alles, was er in den ersten Sekunden wahrnahm, waren verschwommene Gegenstände und Farbflecken. Erst, als er sich die Augen rieb und sich auf seine Umgebung konzentrierte, konnte er erkennen, wo er war.

Wie zum Teufel kam er in das Krankenhaus?

Vorsichtig setzte er sich auf, nachdem er sich noch einige Male umgeschaut hatte. Seine Kopfschmerzen verschlimmerten sich. Fast wurde es schwarz vor seinen Augen.

Sein Handy vibrierte ein weiteres Mal.

Er griff danach und entdeckte hunderte von neuen Nachrichten, hauptsächlich von Ellena, aber auch Bilder wurden ihm zugeschickt, auf denen er seltsame Dinge trieb, an die er sich gar nicht erinnern konnte.

Er trug ein typisches Kleid, das man in einem Krankenhaus anhatte. Ein helles langes Gewand, dass hinten mit Schnüren zugebunden wurde. In beiden Armen steckten dicke Nadeln, die mit Schläuchen verbunden waren. Infusionen hingen über seinen Kopf, die eine durchsichtige Flüssigkeit beinhalteten.

Er war plötzlich vollkommen verwirrt.

Dass er in ein Spital eingeliefert worden war, von dem wusste er absolut nichts. Wieso überhaupt? War auf der Party etwas vorgefallen?

Jedenfalls tauchte nach einiger Zeit eine fremde Person in seinem Zimmer auf. Es war ein Arzt. Hinter ihm folgte die Polizei.

«Ah, er ist wach? Dann sollte der Patient nun in der Verfassung sein, Fragen beantworten zu können», sagte der Arzt nur und verliess nach einer kurzen Kontrolle den Raum.

«Nun, fangen wir an…», murmelte der Polizist und holte Schreibzeug und Papier hervor. Er war ein grossgewachsener Mann mittleren Alters. Seine Statur war kräftig.
Während er bereits etwas auf das Papier schrieb, sass Theo perplex da.
«Woher hast du die Drogen»?

Das Gespräch war ein unnötiger Versuch, seine Geheimnisse zu verbergen, wobei es auch seine Frage beantwortete, wie er ins Spital gelangt war. Der Polizist wurde vom Arzt über die eingenommenen Drogen aufgeklärt, die in seinem Blut gefunden wurden. Lügen war also nutzlos. Vor allem, als seine Mutter ins Zimmer kam, war es mit den falschen Wahrheiten vorbei. Schon nur ihre Anwesenheit machte ihm Angst. Nicht, dass sie ihn anschrie oder ihn ermahnt hätte, sie hatte kein Wort gesagt. Sie hatte diesen wütenden Blick drauf, der ihre Stille nur noch gefährlicher machte.
Theo wurde zu der Party befragt, zu seinem Kontaktmann, zu den Drogen.
«Sie werden von uns hören», sagte der Polizist schliesslich nach einer langen Stunde und verliess das Zimmer, wo jetzt eine drückende Stille herrschte.
«Wir sprechen zu Hause weiter», sagte seine Mutter und ging ebenfalls.

Zum Glück konnte er dieses Gespräch noch einige Stunden hinauszögern. Er blieb bis zum frühen Abend noch im Spital, wo er überwacht und der letzte Test gemacht wurde. Seine Leber sei noch funktionsfähig, aber angeschlagen. Seine Blutwerte zeigten eine langsame Normalisierung an.
Doch dann wurde er von seiner Mutter und von seinem Vater abgeholt, und er war plötzlich zu Hause. Sie sprachen kein Wort. Jeder schien auf den anderen zu warten.

Theo stieg aus dem Auto aus und ging seinen Eltern hinterher, die mit schnellen Schritten voranliefen. Die Tür liessen sie offen.

Er hatte Herzrasen. Um das kommende Gespräch hinauszuzögern, zog er seine Schuhe und seine Jacke extra langsam aus. Als er in die Küche eintrat, warteten sie bereits mit verschränkten Armen. Ihre Gesichter, vor allem das seiner Mutter, waren von Zornesröte geprägt.

Das wird ja lustig, dachte er.

«Wie konntest du es wagen, uns so zu hintergehen»?

«Ich bin müde. Darf ich ins Bett?», versuchte er, sich herauszureden.

«Ja. Das hast du davon. Du hast keine Ahnung, wie enttäuscht wir von dir sind. Kokain, Theo. Es konnte ja nicht nur bei Alkohol bleiben. Nein, dafür war es zu harmlos, nicht? Es musste ja Kokain sein. Was hast du sonst noch genommen? Heroin»? Sie schüttelte den Kopf. «Sag auch mal was». Sie stiess ihrem Mann in die Rippen.

«Ja, sehr enttäuscht sind wir von dir». Das war alles. Theos Mutter sah ihren Mann fast so wütend an, wie sie ihn angeschaut hatte.

«Gary, verdammt nochmal. Immer muss ich alles selber machen». Sie kam einige Schritte auf Theo zu. «Wie lange nimmst du schon Drogen»?

Er überlegte kurz. «Etwa zwei…». «Nein. Stopp. Es ist besser, wenn ich es nicht weiss».

Sie wandte sich von ihm ab. «Deine Strafe haben wir ohnehin schon abgesprochen».

«Strafe»?

«Ja, Theo. Strafe. Dachtest du wirklich, du kannst durch die Welt reisen und alle Drogen in dich hineinstopfen, die du findest? Was hast du erwartet». Sie schrie weiterhin.

«Hausarrest. Das ganze Jahr».

Er war perplex. Das Jahr war ja noch nicht mal drei Monate alt. Was seine Angst vor der Bestrafung anging, die er noch von der

Polizei bekommen könnte, war plötzlich wie weggeblasen.
«Aber…». Er wurde unterbrochen.
«Und keine Ausflüge mehr. Du bist jeden Tag um fünf Uhr zuhause». Sie lief weg. Sein Vater ebenfalls. Theo war nun alleine in der Küche.
Es ging so viel in ihm vor. Ein ganzes Jahr keine Partys? Die lustigsten Momente waren auf Partys zurückzuführen. Sie wurden für ihn zu einem Muss, zu etwas Essentiellem, was ihn glücklich machte. Nicht die Drogen machten ihn glücklich, sondern die Abende mit den Menschen zu verbringen, die er liebte, das machte ihn glücklicher als alles andere. Drogen waren nur ein Mittel zum Zweck. Was sollte er jetzt die ganze Zeit machen? Etwa lesen? Videospiele waren ihm schon vor langer Zeit verboten worden.
«Du kannst von Glück reden, wenn du nur einen Kurs über Drogenmissbrauch besuchen musst, Theo. Hast du vielleicht eine Ahnung, was das für Einschränkungen mit sich bringen könnte»?
Er wusste es.
«Du kannst froh sein, dass auf der Party noch Leute waren, die sich halbwegs um dich kümmern und uns anrufen konnten. Du hättest sterben können, wenn wir den Krankenwagen nicht gerufen hätten, Herrgott nochmal». Sein Vater blieb weiterhin still. Vereinzelt nickte er nur, das war aber auch schon alles.
«Jemand hat euch angerufen»?
Das war das Einzige, was bei ihm hängen blieb.
«Geh jetzt schlafen. Wir sind fertig mit dir».

Was? Jemand hatte seine Eltern angerufen? Jeder wusste, dass sie komplett dagegen waren und ihm alles verbieten würden, was ja auch passiert war. Weiterhin wusste jeder, was die Partys für ihn bedeuteten. Wieso also wurde er verraten? Er hätte das Ganze auch überstanden, ohne seine Eltern einbeziehen zu müssen. Er suchte nach dem Verräter.

Doch der Gedanke, dass es in Wahrheit Ellena war, kam ihm gar nicht. Wieso würde sie das auch tun?

Theo ging zurück in sein Zimmer und dachte nach. Er versuchte sich daran zu erinnern, was gestern passiert war, wie er seine Eltern beruhigen könnte und was er jetzt mit seiner übrigen Zeit anfangen sollte. Lernen kam jedenfalls nicht in Frage. Was die Polizei anging, war er nicht mehr so beunruhigt wie noch vor wenigen Stunden. Er war noch minderjährig. Was würde schon Schlimmes passieren?

Er nahm sein Handy und scrollte durch die Bilder, die er zugeschickt bekam. Sogar von unbekannten Nummern. Hauptsächlich zeigten sie, wie er Drogen und Alkohol zu sich nahm. Aber auch, wie er oberkörperfrei tanzte und wie er ohnmächtig auf dem Boden lag. Es schockierte ihn gar nicht, wie er sich selber sah. Er erinnerte sich zwar nicht an die Fotos, aber er wusste von vergangenen Partys, dass er seltsame Dinge machte, für die er sich im nüchternen Zustand schämen würde, für die er Drogen brauchte, um sie machen zu können. Er hatte Spass gehabt, das konnte er mit Gewissheit sagen. Aber das beantwortete nicht die Frage, wer ihn verraten hatte. Er erkannte einige Freunde und Bekannte auf den Fotos, aber jeder wusste über seine strengen und unwissenden Eltern bescheid. Niemand würde ihn verpetzen, nicht, solange er die Stimmung auf der Party aufhellte. Es war immer Theo, der die Drogen mitbrachte, da er die Kontakte und das Geld hatte. Die Kontakte hatte er von seinem Bruder, der allerdings schon volljährig war und sich nichts mehr von seinen Eltern gefallen lassen musste, und das Geld hatte er von seinen Eltern, die aber eine andere Bedeutung dahinter sahen. Er bekam das Geld vor allem für Kleider und Essen. Ob sich das Taschengeld auch ändern würde?

Jedenfalls fühlte er sich nicht schlecht. Er bedauerte seinen Konsum nicht, auch wenn sich jetzt wohl einiges ändern würde.

Er beschloss Leon zu fragen, ob er wisse, wer ihn verraten habe. Als Antwort erhielt er nur ein lachendes Smiley.

Einige Zeit verging. Er hätte sich eigentlich über sein Verhalten und seinen Konsum Gedanken machen sollen, doch er kehrte immer wieder zu der unbekannten Person zurück, die ihn verpetzt hatte.

Doch plötzlich klingelte es und er wurde aus seinen Überlegungen gerissen.

Seine Mutter öffnete die Tür. «Ist Theo da? Ich wollte nur Hausaufgaben vorbeibringen». Ellena war da. Er hatte eigentlich keine Motivation, mit irgendjemanden zu sprechen, aber es war seine beste Freundin. Da durfte er nicht den Faulen raushängen. Während er die Treppen runterlief, sprachen sie leise.

«Danke. Dass du uns angerufen hast. Ich weiss nicht, was mit ihm passiert wäre. Alle waren unter Drogen. Niemand hätte sich um ihn kümmern können», hörte er die Stimme seiner Mutter. Theo blieb stehen. Was hatte er gerade gehört? Ellena hatte angerufen und gepetzt?

Es war, als hätte man ihm ein Messer in sein Herz gestossen und er jetzt verbluten musste. Seine Brust schmerzte plötzlich, sein Magen verkrampfte sich. Wut begann in seinem Inneren zu kochen, als wäre er in der Hölle, denn genau so fühlte er sich gerade: verletzt und verraten von seiner besten Freundin, die eigentlich vertrauenswürdig war. Plötzlich war er froh, keine Beziehung mit ihr eingegangen zu sein. Seine Liebe zu ihr bröckelte.

«Wie geht's ihm»?

Wie es ihm geht? Was war das für eine Frage. Es ging ihm nicht gut. Wie sollte er sich auch fühlen, nachdem er erfahren hatte, dass seine beste Freundin, mit der er durch dick und dünn gegangen war, ihn verraten hatte? Jedenfalls nicht glücklich, auch nicht gleichgültig. Er fühlte sich mieser als an dem Abend, als Ellena seine Liebe nicht erwidern konnte. Er war sogar so wütend und verletzt, dass er keine Tränen mehr herausbrachte. Tränen waren ohnehin zu wenig aussagekräftig dafür, was er sagen wollte.

Schliesslich brach die Mauer, die seine Wut zurückhielt, doch er fand nicht die Worte, um seinem Zorn Ausdruck zu verleihen.

«Mir geht's gut». Er zeigte sich. Sein Blick schweifte zum Hauseingang, wo Ellena mit seinen Schulbüchern in der Hand stand, ihr Gesicht von Überraschung gezeichnet. Vor ihr stand seine Mutter, die ihren Blick gesenkt hatte. «Wieso, Ellena?», sagte er nur und verschwand mit stampfenden Schritten. Er ballte seine Hände zu Fäusten, so fest, dass seine Fingernägel in seine Handflächen eindrangen. Dass Blut aus seiner Hand lief, war ihm gleichgültig.

«Tut mir leid. Ich habe nicht erwartet, dass er zuhört».

In seinem Zimmer angekommen liess er seiner Wut freien Lauf und schlug mit aller Kraft auf seinen an der Decke aufgehängten Boxsack, der hin und her schwang. Ihm war es egal, dass seine Knöchel schmerzten. Auf eine Art und Weise war es besser als die tobende Wut in ihm, die alle anderen Gefühle zu verschlingen schien.

Kurz darauf kam Ellena in sein Zimmer.

«Hey». Schüchtern lächelte sie.

Theo antwortete nicht. Er schlug weiter auf den Sack ein. «Wie geht's dir?».

Er schnaubte und drehte sich zu ihr um. Sie erschrak. «Was denkst du, Ellena?» Er setzte sich auf sein Bett.

Sie senkte ihren Blick. «Hör zu», begann sie. «Ich wusste nicht, wie ich reagieren sollte. Du hast mich angerufen, vollkommen betrunken und auf Drogen. Und dann bist du ohnmächtig geworden. Was hättest du an meiner Stelle gemacht»?

Sie setzte sich neben Theo auf das Bett, wollte ihn beruhigen, doch er wehrte ihre Hand ab und stand energisch auf. «Meine Eltern sind schlimmer als die Polizei. Weisst du, was dein Handeln für Folgen hat»?

Sie antwortete nicht.

«Natürlich nicht! Du hast keine Ahnung». Ellena fand ihre Stimme wieder. «Vielleicht hat es auch was Gutes...», begann sie.

«Was Gutes? Inwiefern ist das was Gutes? Bist du wirklich so ein naives Arsch»?

Es wurde ruhig. Im ganzen Haus war kein Geräusch mehr zu hören, alles hörte zu. Sie schien verletzt, doch das kümmerte ihn nicht. Sie hatte es verdient.

«Ich hatte Angst um dich. Ich wollte dich nicht verlieren», sagte sie schluchzend und mit Tränen in den Augen. Sie umarmte seine Schulbücher, als würde sie hoffen, dass es den ruhigen und freundlichen Theo zurückbringen würde. Vielleicht war es auch Angst.

«Es ist besser, wenn du jetzt gehst».

Diese Worte waren nicht schwer auszusprechen, doch in seinem wütenden Zustand hörten sie sich gefährlicher an, als sie es in Wirklichkeit waren. Er meinte diese Worte nicht als Ende ihrer Freundschaft. Er wollte nur alleine sein. Doch Ellena schien es in den falschen Hals bekommen zu haben, denn sie legte die Bücher auf das Bett und verliess weinend sein Zimmer.

Er schaute ihr hinterher und schlug erneut auf den Boxsack ein.

Nachdem die Sonne hinter dem Horizont untergegangen war und die Vögel aufgehört hatten zu zwitschern, machte Theo einen weiteren Fehler.

Er fühlte sich mittlerweile so schlecht wegen seines Verhaltens Ellena gegenüber, wie er sie angeschrien, und weinend weggeschickt hatte, dass er sich bei ihr entschuldigen wollte. Aber dafür war er doch noch zu stolz. Immerhin war sie für den Fehler verantwortlich, nicht er, also sollte sie sich entschuldigen. Aber das Bedürfnis, mit jemandem zu schreiben, blieb, weshalb er mit Leon angefangen hatte zu chatten, der gefragt hatte, wo er bliebe. Er wurde auf einer weiteren Party erwartet.

Als er schrieb, dass er nicht kommen könne, rief Leon ihn an.

«Was soll das heissen, du kommst nicht».

«Hausarrest». Er liess es bei dieser Erklärung bleiben.

«Scheisse. Wegen gestern Abend»?

Er bestätigte es und erzählte in kurzen Worten, was für eine Strafe er auferlegt bekommen hatte.

«Verdammt nochmal. Woher sollen wir jetzt die ganzen Drogen herbekommen»?

Theo zuckte nur mit den Schultern, auch wenn Leon ihn nicht sehen konnte.

«Woher wussten es eigentlich deine Eltern»?

Er seufzte. «Ellena», sagte er nur. Leon lachte. «Du Opfer. Zahl es ihr heim».

Daran wollte er nicht denken. Sie hatte zwar einiges vermasselt, aber sie war immer noch seine beste Freundin.

«Nein, ich kann das nicht machen. Ich... liebe sie immer noch, aber...».

Er lachte weiter. «Du liebst sie? Sie ist nicht besser als ein Stück Dreck».

«Das stimmt nicht». «Wo liegt dann das Problem? Leg sie flach».

Leon war so ein Typ, der mit allen Mädchen schlafen würde, wenn er die Chance dazu gehabt hätte. Seine «Freundin» war nichts weiter als ein Sexspielzeug für ihn. Anders als bei Theo war da keine Liebe vorhanden. Das war nur ein Grund, wieso er Leon in Wirklichkeit nicht mochte. Er spielte nur den Freund vor, um sich nicht erneut mit ihm anlegen zu müssen.

«Sie...». Er zögerte. «Na sag schon», drängelte Leon. «Sie steht nicht auf Männer», sagte Theo, der nicht an die Folgen dachte. Nur ein lautes Lachen drang in sein Ohr, dann legte Leon auf. Im Nachhinein bedauerte er, es gesagt zu haben. Leon war nicht der Mensch, der solche Sachen gut aufnehmen würde. Oder er wollte solche Sachen nicht freundlich aufnehmen.

Das war wohl keine gute Idee, dachte Theo, was habe ich nur getan?

## 4)

Ellena war aufgelöst. Sie rannte weinend aus Theos Haus. «Ellena…», rief seine Mutter nur, die ihren Arm nach ihr ausgestreckt hatte, sie aufhalten wollte, und ihr hinterherlief. Doch sie hatte keine Lust, und keine Kraft sich mit ihr zu unterhalten. Es war nicht ihr Fehler gewesen. Wie konnte sie auch wissen, dass Theo ihnen zuhörte?

Natürlich war es ihrer gewesen. Hätte sie doch nur nichts ihren Eltern gesagt, dann wäre immer noch alles beim Alten, alles wäre immer noch in Ordnung. Doch sie hatte es vermasselt. Nur, weil sie sich vergewissern wollte, dass Theo noch am Leben war, hatte sie diesen blöden Anruf gemacht, der eigentlich gar nicht nötig gewesen wäre. Theo wäre auch ohne ihren Anruf nicht gestorben, davon war sie im Nachhinein überzeugt. Vielleicht wäre die Polizei erschienen und hätte ihn verhaftet, aber es wäre nicht mehr ihre Verantwortung gewesen, nicht mehr ihre Schuld, wenn seine Eltern die Wahrheit erfahren hätten. Es war nur ein weiterer Abend mit Drogen, eine weitere lustige Party. Sie wusste, wie wichtig diese Abende für ihn waren, was sie für ihn bedeuteten.

Sie versuchte sich einzureden, dass sie nur das Beste für ihn wollte. Sicherheit und Gesundheit. Wie sehr sie es auch versuchte, es machte sie nur noch trauriger. Denn ein Gedanke tauchte immer wieder in ihren selbstbemitleidenden Überlegungen auf: Wollte sie wirklich nur das Beste für Theo? Nach dem Gespräch mit ihm und ihrer Einsicht, was ihre Taten für Folgen hatte, wurde sie zunehmend wütend auf sich selbst. Traurigkeit und Bedauern waren aber immer noch dominanter und schienen ihre Seele zu zerfressen. Sie rissen an ihr, dass sie nur noch Schmerzen und einen seltsamen Druck auf der Brust wahrnahm. Ihr Blick verschwamm immer wieder durch die vielen Tränen, die über ihre Wangen liefen und sich anfühlten, als wären sie auf ihrer Haut gefroren.

Jedenfalls rannte sie aus seinem Haus und machte sich auf den Weg nach Hause. Das wollte sie jedenfalls. Während sie sich in ihre bequeme und mit Daunen gefüllte Jacke einkuschelte, weinte sie weiter und bemerkte nicht, wie sie an ihrem Haus vorbeilief und das Quartier verliess. Sie bemerkte nicht, wie die Zeit verging und die Sterne bereits am dunklen Nachthimmel zu funkeln begannen. Es war still, was ihren Gedankenstürmen viel Platz liess.

Sie bekam Theos Reaktion und sein wütendes Gesicht nicht mehr aus dem Kopf. Es war eine so enorme Wut gewesen, wie sie es noch nie bei ihm gespürt hatte. Es war immer sie gewesen, die ihn beruhigen konnte. Dass sie jetzt dafür verantwortlich war, verletzte sie umso mehr.

Da halfen auch Tränen nicht weiter. Sie fühlte sich nicht schlecht, sie fühlte sich auch nicht scheisse. Das alles waren Worte, die etwas verglichen, was nicht zu den Emotionen passten, die sie im Moment fühlte, was im Vergleich dazu winzig erschien.

In diesem Augenblick wusste sie nicht, ob sie alleine sein wollte oder Gesellschaft brauchte. Einerseits weinte sie lieber alleine, aber ohne jemanden an ihrer Seite, der Trost spendete, konnten sich Gefühle nur schwer minimieren.

Nach dem kleinen Ausflug setzte sie sich auf eine Bank und schaute zu den unzähligen Sternen hinauf. Ihr Tränenfluss versiegte nach wenigen Minuten. Die starken Gefühle blieben. Während sie sich auf der Bank hinlegte, betrachtete sie die Sterne und dachte über das Universum nach. Wie gerne sie jetzt in einer anderen Welt wäre und das vergessen könnte, was sie gemacht hatte.

Plötzlich vibrierte das Handy in ihrer Hosentasche. Sie richtete sich ruckartig auf. «Ellena, wo bist du?», ertönte ihre besorgte Mutter. Sie rieb sich die Augen und antwortete müde. «Ich bin gleich da». Dann legte sie auf und machte sich auf den Weg zurück nach Hause. Sie lief genauso in Gedanken versunken zurück, wie sie gekommen war. Nur waren wohl keine Tränen

mehr vorhanden. Zuhause angekommen war alles dunkel. Ihre
Eltern waren schon im Bett und schliefen möglicherweise
schon tief und fest. Ellena machte es ihnen nach und legte sich
auf ihr Bett. Sie machte sich nicht die Mühe, ihre Kleidung
auszuziehen. Dafür war sie zu erschöpft. Erstaunlich, wie müde
man vom Weinen wurde.

Der nächste Tag begann mit Hoffnung. Hoffnung auf eine
baldige Versöhnung zwischen ihr und Theo. Sie wünschte es
sich so sehr. Sie brauchte ihren besten Freund zurück.
Heute stand sie mit Verspätung auf und musste sich beeilen,
um nicht zu spät zur Schule zu kommen. Während dem
unruhigen Schlaf hatten sich ihre Gefühle etwas normalisiert.
Wut, Traurigkeit und Bedauern waren nun Angst gewichen. Sie
fürchtete sich vor Theos Reaktion, wenn sie sich wieder trafen.
Hatte auch er sich beruhigt?
Wie jeden Morgen ass sie etwas, machte ihre Morgenroutine
und packte ihren Schulsack. «Tschüss, Ma. Tschüss, Dad». Sie
ging mit einer von Schulbüchern gefüllten Tasche aus dem
Haus.
Ihre Eltern fragten sich nicht, wo sie in der vergangenen Nacht
war, was sie getrieben hatte. Sie sprachen eigentlich gar nicht
miteinander, als wäre etwas zwischen ihnen vorgefallen. War
wieder eine Affäre im Spiel gewesen, die ihre ohnehin schon
bröckelige Beziehung zum Wanken gebracht hatte?
Jedenfalls schloss sie die Haustür hinter sich zu und atmete die
kalte Morgenluft ein, die sich in kleine Nebelwölkchen
verwandelte. Schnell lösten sich die Nebelschwaden vor ihrem
Gesicht auf. Sie betrat das Trottoir und schaute nach rechts,
von wo Theo immer kam, um zusammen zur Schule zu laufen.
An diesem Morgen sah sie nur die vielen Häuser und Villen, die
sich hinter Hecken und Bäumen versteckten, eine leere
Strasse, auf der ab und zu ein teures Auto vorbeifuhr, und die
immer noch leuchtende Strassenlaternen. Der Bürgersteig war
menschenleer. Kein Theo lief lächelnd auf sie zu oder wartete

mit seinem Handy in der Hand auf sie. Voller Hoffnung wartete sie noch einige Minuten auf ihn, doch er tauchte nicht auf. Wieder kamen Gefühle in ihr auf, die sie an die vorige Nacht erinnerten. Vielleicht blieb er noch einen Tag zu Hause, dachte sie, doch wirklich daran glauben, tat sie nicht.

Sie wartete weitere zwei Minuten, bis sie schliesslich alleine loslief. Da niemand mit ihr sprach, hörte sie Musik. Sie war kein Fan von Deutschrap und heute war ihr nicht nach den Songs zumute, die unentwegt im Radio liefen. Auf Spotify fand sie eine Playlist, die sie für die momentane Situation und für ihre Gefühle passend hielt. Komischerweise machten sie die traurigen Lieder nicht noch depressiver, wie es vielleicht zu erwarten gewesen wäre. Sie waren für sie eher ein Beweis, dass es okay war, sich nicht gut zu fühlen, dass sie nicht alleine war. Natürlich verschwanden ihre Traurigkeit und ihre Schuldgefühle nicht, aber sie wurden schwächer, wofür sie dankbar war.

Ellena konzentrierte sich auf die Songtexte und bemerkte nicht, wie sie sich der Schule näherte. Ihre Füsse trugen sie automatisch voran.

Sie mischte sich unter die anderen Schüler und lief zu ihrem Schliessfach, wo sie ihre Bücher verstaute. Das Schulmaterial wurde rücksichtslos hineingeworfen, weshalb es zerknittert und Eselohren hat.

Während sie durch die Schule gelaufen war und während sie ihre Bücher aus dem Schulsack herausholte und in dem Schliessfach verstaute, bemerkte sie nicht, wie sie beobachtet wurde. Von fast allen. Sie lachten, deuteten auf sie, spotteten. «Ellena». Leon stand plötzlich neben ihr an die Wand lehnend. Er lächelte blöd und zeigte seine perfekten weissen Zähne. «Ich habe nicht gedacht, dass du dich heute blicken lässt».

Es war sofort eine unerklärliche Spannung zwischen ihnen, sobald sie miteinander redeten oder sich nur ansahen. Ob es Hass war?

«Wenn du das mit Theo meinst: Tut mir leid, dass du deine Drogen an einem anderen Ort beschaffen musst».

Er schnaubte nur und rollte seine Augen. «Ich spreche von deinem Geheimnis, Lesbe».

Ellenas Herz setzte einen Schlag aus, bevor es erstaunlicherweise weiterschlug. Woher wusste er das?

Sie versuchte die Coole rauszuhängen und tat so, als wüsste sie von nichts. «Was für ein Geheimnis»? Sie nahm sich zitternd Bücher aus dem Schliessfach, die sie brauchen würde, um nicht in Leons Augen schauen zu müssen. Und um sich nichts anmerken zu lassen.

«Naja, ein Geheimnis ist es nicht mehr. Die ganze Schule weiss es». Lässig deutete er auf eine Gruppe von Schülern, die sie beobachteten. Sofort schauten sie weg. «Was?», entfuhr es ihr. Sie spürte, wie ihr Gesicht an Farbe verlor. Angstschweiss brach aus.

«Keine Angst. Wir sprechen uns noch». Mit diesen Worten und mit einem genüsslichen Lächeln ging Leon und schloss sich seiner Gruppe an, die sich auf die Schenkel klopfte, sich in die Hosen machte und ihn gebührend feierte. Handschläge wurden ausgetauscht und Dinge gesagt wie «der Lesbe hast du es aber gezeigt».

Während er die Aufmerksamkeit genoss, stand Ellena geschockt und unbewegt da und versuchte zu erfassen, was gerade passiert war. Wie konnte er es wissen? Woher wusste es die ganze Schule?

Theo. Es war seine Rache, davon war sie überzeugt. Aber wieso musste er es Leon verraten? Er war der Typ, der sich selbst als cool bezeichnen würde, der sich als etwas Besseres sah und über allen anderen stand. Er war der Typ, der sich über andere lustig machte und seine Grösse ausnutzte, um Schüler aus einem tieferen Jahrgang zu diskriminieren. Er fand es sogar zum Lachen, wenn er jemanden zum Weinen brachte.

Niemand wollte ihm im Weg stehen, da es niemals gut endete. Seine Gruppe war gefürchtet. Alle standen hinter Leon und machten alles nach, was er ihnen vorzeigte. Wurde man von Leon schlecht behandelt, konnte man von seiner Gruppe nichts Besseres erwarten.

Sie nahm ihr Handy aus der Tasche und beschloss Theo zu schreiben. Die Nachricht kam nicht bei ihm an.

Dann klingelte es. Unsicher und zitternd lief sie in das Klassenzimmer. Theo war nirgends zu sehen.

Den ganzen Morgen lang war sie unkonzentriert und wurde von ihren Lehrern mehrmals gemahnt. «Hörst du bitte zu, Ellena?», hatte Frau Heimlich gesagt. «Wenn du dich nicht konzentrieren kannst, geh bitte raus».

Sie hatte nicht geantwortet. Aber Leon schon. Er nutzte die kurze Ruhe im Klassenzimmer aus, um Ellena blosszustellen. «Hör auf, meine Freundin anzustarren. Sie gehört mir», sagte er. Salomée, seine Freundin, drehte sich zu ihr um. «Findest du mich etwa heiss»? Sie hatte ihr einen Luftkuss zugeworfen. Alle hatten gelacht, während Frau Heimlich die Klasse beruhigen wollte. Es waren erbärmliche Versuche gewesen.

Ellena war gedemütigt und wollte sich am liebsten in Luft auflösen. Sie wurde rot im Gesicht, tomatenrot. Unwohl in ihrer Haut liess sie den Stuhl so weit runter, wie es ging, um wenigstens den Hauch eines Eindruckes zu haben, sie wäre nicht da. Sie versuchte sich nichts anmerken zu lassen. Es war das Beste, was sie im Moment tun konnte.

Die Stunden vergingen im Schneckentempo. Als schliesslich die Klingel zur Mittagspause rief, verliessen alle das Schulzimmer. Leon lief bei ihr vorbei und stiess ihr Etui vom Pult. Alle Stifte rollten über den Boden. Als wäre es nicht schon genug, trat er beim Weiterlaufen nach den am Boden liegende Stiften, um sie noch weiter zu verteilen. Ellena blieb still und sammelte sie schnell ein. Aus dem Flur ertönte Gelächter.

Wut bildete sich in ihr. Auf wen, wusste sie nicht. Leon und Theo standen zur Auswahl. Oder war sie wütend auf sich selbst?

Jedenfalls räumte sie alles zusammen und verliess erst das Klassenzimmer, als aus dem Flur keine Gespräche mehr zu hören waren. Alle waren bei den Tischen und assen wahrscheinlich ihr Mittagessen.

Dorthin wollte sie auf keinen Fall, weshalb sie ihr Riz Casimir auf der Treppe ass. Der Nachteil bei einem besten und einzigen Freund war das Alleinsein, wenn er nicht da war, und die Leere, die er hinterliess, das Selbstverständliche, dass er immer da war, wenn man ihn brauchte.

Woran Ellena dachte, konnte sie im Nachhinein nicht sagen. Sie sass einfach auf der Treppe und stopfte das Essen in sich rein. Appetit hatte sie keinen. Sie ass nur aus Gewohnheit und um sich abzulenken.

Dann tauchte plötzlich Theo auf. Er hat ein Blatt in der Hand, das er im Sekretariat abgab. Er kam auf sie zu.

«Hey», sagte er nur. Sein Blick war auf den Boden gerichtet.

«Hey», erwiderte sie. Eine peinliche Stille folgte. Theo wippte vor und zurück, sagte aber kein Wort.

Es war schliesslich Ellena, die den Anfang machte. «Du...». Er nickte. «Wieso»?

«Es war ein Versehen. Ich wollte ihm nichts sagen», erklärte er. «Es ist... die Wut hat mich dazu getrieben. Es tut mir leid, okay? Ich meinte es nicht böse». Sie sah es in seinen Augen, dass er seine Entschuldigung ernst meinte. Doch das änderte nichts an der Tatsache, dass er es vermasselt hatte.

«Tut mir auch leid, dass ich mit deinen Eltern gesprochen habe. Ich habe mir Sorgen gemacht», entschuldigte sie sich ebenfalls. Er nickte. «Ist wohl besser so».

Wieder die peinliche Stille. Beide wichen den Blicken des Anderen aus.

«Ich brauche deine Hilfe». Wieder war es Ellena, die die Stille durchbrach. «Leon hat es auf mich abgesehen und ich brauche dich».

«Natürlich. Das schulde ich dir wohl».

Doch er sollte sein Versprechen nie einhalten.

Der Nachmittag verlief nicht besser als der Morgen. Obwohl Theo die restlichen Stunden bei ihr war, liessen die abfälligen und spöttischen Bemerkungen nicht nach. Im Gegenteil, sie wurden sogar mehr und jetzt nicht nur von Leon. Auch Salomée, Liam und Noel begannen sich an Ellena zu ergötzen. Seine Gruppe machte alles, was er ihnen sagte. Nur war es nie etwas Positives.

Sie versuchte, so gut es ging, keine Reaktion zu zeigen, damit sie die Lust daran verlieren würden. Das war ihr Ziel. Das war, was sie Theo immer gesagt hatte, als er gemobbt wurde. Bei ihm hatte es geklappt. Würde es bei ihr auch funktionieren? Jedenfalls wuchs die Wut in ihr immer weiter, wie ein Feuer, das sich durch einen Wald frass. Theo war das Wasser. Er hielt sie zurück. Nicht, dass er etwas gegen Leon machte oder versuchte, sie zu beruhigen. Es war die blosse Gewissheit, dass er für sie da war, und das Wissen, dass sie sich wieder verstanden, was sie beruhigte und verhinderte, dass sie nicht ausrastete.

Als schliesslich die Klingel den langen Schultag beendete, war sie froh, nach Hause gehen zu dürfen. Leon zerrte an ihren Nerven.

«Er geht mir so auf den Sack». Ellena verstaute ihre Bücher im Schliessfach. Theo stand neben ihr und machte dasselbe. «Er ist so ein Arsch».

Er erwiderte nichts. Was sollte er auch sagen?

Theo war plötzlich verschwunden.

«Wer ist ein Arsch?», ertönte Leons Stimme hinter ihr. Sie drehte sich um und sah sich ihm, Salomée, Liam und Noel gegenüber. Sie kamen auf sie zu und umzingelten sie, sodass sie mit dem Rücken an der Wand stand. Sie schaute sich nach Theo um, der sich mit schnellen Schritten von ihr entfernte und aus der Schule lief.

«Tut mir leid. Ich habe einen Termin», sagte sie und wollte durch die Lücke zwischen Liam und Salomée entkommen, doch Liam stiess sie zurück an die Wand.

Sie bekam Angst.

«Damit das klar ist». Leon kam auf sie zu. «Du bist hier nicht erwünscht. Wir wollen keine scheiss Lesbe in unserer Schule haben». Er kam ihr gefährlich nahe.

Während er ernst blieb, lachten die anderen Ellena aus. «Sie macht sich fast in die Hosen».

«Gib mir den Rucksack», forderte Leon. Als sie nicht reagierte, griff er danach und riss ihn von ihrer Schulter. Kurz schaute er hinein, fand aber nichts Spezielles und leerte ihn aus. «Es wäre besser für dich, hier nicht mehr aufzutauchen».

Damit liefen sie davon.

Sie wusste nicht, wer sie mehr verletzt hatte. Theo oder Leon. Leons Worte waren hart und trafen ihren wunden Punkt. Es waren die Worte, vor denen sie Angst hatte, und der Grund, wieso sie ein Geheimnis aus ihrer Sexualität gemacht hatte. Auch wenn sie immer wieder unter der Dusche solche Szenarien durchgegangen war, in der Realität fühlte es sich viel schlimmer an.

Andererseits war Theo nicht da gewesen. Er war abgehauen, wie ein kleines Häschen. Sie dachte wirklich, sie könne auf ihn zählen und ihm vertrauen. Nach dem Gespräch hatte sie den Eindruck gehabt, wieder Freunde zu sein. So wie früher. Beide standen füreinander ein und waren immer da, als Unterstützung in schwierigen Situationen.

Jedenfalls schrieb sie ihm sofort und fragte, wieso er sie im Stich gelassen hatte. Sie wollte es wissen.

Nur ein «Sorry» bekam sie als Antwort.

Ellena ging schnell nach Hause und schmiss sich aufs Bett und weinte.

Damit endete dieser Tag mit einer totalen Niederlage.

## 5)

«Aufstehen, Ellena. Zeit für die Schule». Ellenas Mutter war in ihrem Zimmer und öffnete die Fenster. Kalte Luft wehte durch den Raum. «Na, komm schon, Schlafmütze».
Ellena schüttelte nur den Kopf und brummte etwas verschlafen. «Nur noch einen Tag, dann ist Wochenende», versuchte ihre Mutter sie aufzumuntern.
Sie liebte den Freitag für gewöhnlich. Drei Lektionen Sport, Philosophie, Deutsch, und zwei Lektionen Englisch waren auf dem Stundenplan. Sie war ein Naturtalent in Sprachen. Jedenfalls in denen, die sie mochte. Französisch war nicht dabei, was vor allem an den schlechten Lehrern lag, die sie während ihrer Schulkarriere hatte. Die drei Lektionen Sport waren für sie kein Problem, auch wenn es gleich am Morgen früh war. Es weckte sie auf und war eine gute Abwechslung zum ständigen Sitzen. Philosophie war nichts Besonderes. Ein bisschen zuhören und abschreiben. Die gelegentlichen Argumentationen machten den Philosophieunterricht spannend. Zum Glück war der Freitag kein langer Schultag, was sie sehr schätzte. Früh war sie immer zu Hause und konnte sich schon auf das Wochenende freuen oder sich mit Theo besaufen.
Ellena öffnete ihre Augen. Dass die Schule wieder so nah war, stresste sie, machte ihr Angst, auch wenn schon bald Wochenende war. Der Gedanke war nicht hilfreich und löschte die Tatsache nicht aus, dass sie sich vor einem erneuten Wiedersehen mit Leon fürchtete. Das letzte Mal war eine Kriegserklärung.
Sie stand plötzlich ruckartig auf und rannte aus dem Zimmer. Ihre Mutter machte überraschend Platz und schaute ihr fragend hinterher. «Ellena»?
Auf der Toilette angekommen, erbrach sie sich. Schmerzhaft brannte die Magensäure im Hals, denn das war das Einzige, was in ihrem leeren Magen war.

Sie war die ganze Nacht wach gewesen und hatte nur für wenige Minuten ein Auge zugemacht. Der häufige Gang auf die Toilette endete zwar bisher nie mit dem Entleeren des Magens, aber ihr war trotzdem übel gewesen. Nicht mal ein Glas Wasser hatte sie trinken können.

Natürlich hatte das alles damit zu tun, was während dem vergangenen Tag passiert war. Die ganze Zeit dachte sie darüber nach, wie es weiter gehen könnte, was sie machen sollte. Theo war ein zentraler Gedanke und ein Mysterium. Nach all den Jahren ihrer Freundschaft konnte sie ihn plötzlich nicht mehr verstehen. Sie konnte sich nicht erklären, wieso er sie im Stich gelassen hatte, wieso er nicht an ihrer Seite gewesen war. Sie dachte wirklich, dass er für sie da sein würde. Es schmerzte, wie Theo plötzlich zu einer fremden Person wurde, als hätten sie sich nie kennengelernt. Sie hatte wirklich den Eindruck, ihn nie gekannt zu haben.

«Ellena», rief ihre Mutter. «Was ist nur los mit dir»? Sie kam mit einem Glas Wasser und mit einem Tuch, legte beides neben Ellena auf den Boden und hielt ihre langen Haare aus dem Gesicht, während Ellena sich wieder die Seele aus dem Leib kotzte. Tränen liefen ihr über die Wangen.

«Ich glaube, heute bleibst du lieber zu Hause».

Ellena nickte, war damit einverstanden, sogar sehr. Aber war es hilfreich?

Für gewöhnlich war die Schule auf eine Art und Weise eine Ablenkung. Wenn etwas zu Hause vorgefallen war, ging man zur Schule, um sich ablenken zu lassen, um auf andere Gedanken zu kommen. Zu Hause wurde man nur ständig daran erinnert, es wurde oftmals nur noch schlimmer.

Aber was, wenn die Schule nicht mehr als Ablenkung da war, sondern als Grund, wieso man Ablenkung brauchte?

Zu Hause war man gezwungen nachzudenken. Sport, Hobbys und dergleichen waren nur eine Ablenkung für eine Stunde. Wenn man Glück hatte für zwei. Leider war das oft nicht genug.

Ellena war sich aber sicher, dass es ihr zu Hause besser gehen würde als in der Schule. Auf den Unterricht hätte sie sich eh nicht konzentrieren können, und damit hätte sie drei Tage, um sich auf die Schule vorzubereiten. Ausserdem sah sie Leon nicht und musste sich auch seine Sprüche nicht anhören.

Als sich ihr Magen endlich beruhigt hatte, trank sie vorsichtig einen Schluck Wasser. «Besser»? Ihre Mutter sah sie besorgt an und strich ihr eine Haarsträhne hinters Ohr, die über ihre Stirn fiel. Jetzt bloss nicht weinen, dachte Ellena. Sie ging ins Bett und nahm sicherheitshalber ein Becken mit, sollte ihr Magen wieder verrückt spielen. «Ich mache dir einen Tee, dann muss ich aber zur Arbeit», sagte ihre Mutter und ging mit schnellen Schritten in die Küche.

Nach wenigen Minuten erschien sie mit einem Kamillentee und Zwieback. «Falls du Hunger hast».

Sie legte es auf den Nachttisch und verabschiedete sich. «Ich melde dich bei der Schule ab. Ruf mich an, wenn du mich brauchst». Dann war Ellena alleine zuhause.

Und Tränen fielen in Strömen.


Ellena machte es sich vor dem Fernseher bequem, hatte eine Tiefkühlpizza im Backoffen und ein Glas Limonade in der Hand. SpongeBob lief im Fernseher, aber sie schaute nicht wirklich zu. Sie dachte nach:

Wieso hatte Leon so eine Wirkung auf sie? Es war nicht einmal ein Tag vergangen, an dem sie sich ihm stellen musste, und sie war schon am Kotzen. Wie sollte das weitergehen, sollte er entscheiden, dass er sie nicht in Ruhe lassen wollte? Die Lehrer um Hilfe bitten, kam nicht in Frage. Vielleicht würde es während dem Unterricht helfen, aber danach wäre sie Leon wieder hilflos ausgesetzt. Mit grosser Wahrscheinlichkeit würde er noch wütender werden.

Natürlich wäre das alles kein Problem, wenn sie jemanden an ihrer Seite hätte. Theo war als dieser Jemand ausgeschlossen. Nach langem Überlegen und nach unzähligen Hypothesen kam sie zu dem Schluss, dass er einfach Angst hatte. Immerhin war er gemobbt worden, und hatte das monatelang durchlebt, womit Ellena schon nach einem Tag Probleme bekam. Natürlich war Leon der Mobber gewesen. Demzufolge hatte Theo einfach Angst, sich noch einmal tyrannisieren zu lassen. Konnte man ihm das übel nehmen? Dass er Angst hatte, konnte sie akzeptieren. Aber sie hatte nicht vergessen, wer Theo beigestanden war. Das war nicht leicht gewesen, das wusste er auch. Bis heute trug sie die Folge davon: Selbstzweifel. Ihr Glaube an sich selbst war durch das Erlebte sehr verletzlich. War das der Grund, wieso sie so heftig reagiert hatte? Ellena hätte sich für ihn geopfert, was sie auf eine Art und Weise auch getan hatte. Wieso machte er nicht auch das Gleiche für sie? Immerhin schuldete er ihr einen Gefallen. Also ja, man konnte es ihm übel nehmen. Freunde waren füreinander da, auch in schwierigen Situationen. Mindestens Beistand sollte man erwarten können. Ihre Eltern waren ein weiteres Problem. Ihr blödes Bild von der perfekten Tochter. Würden sie erfahren, dass sie gemobbt und homosexuell war, wären schon zwei Aspekte mit dabei, die nicht dem Bild entsprachen.

Weiter dachte sie nicht.

Die Pizza war fertig.

## 6)

Das Wochenende verging langsam. Ellena war nicht in der Stimmung, etwas zu unternehmen oder, wie sie geplant hatte, etwas für die Schule zu machen. Hausaufgaben oder anstehende Prüfungen waren nicht lohnenswerte Zeitvertriebe. Stattdessen spielte sie Candy Crush auf ihrem Handy, während sie gelangweilt auf dem Bett lag. Ab und zu schaute sie einen Film, den sie nur halbwegs mitverfolgte. Ihre Eltern waren die ganze Zeit im Haus, liessen sie zum Glück alleine mit ihren Gedanken. Dass sie sich erbrochen hatte, stempelten sie als «körperliche Unruhe» ab. Ihren Ausdruck für die Periode. Einen anderen Grund dafür suchten sie nicht. Sie fragten auch nicht, wie es ihr ginge. Aber das war ihr gleichgültig. Sie hätte eh nicht mehr gesagt als «es geht mir besser, danke». Das stimmte auch. Jedenfalls, was ihren Magen betraf. Während dem Wochenende musste sie sich nicht mehr erbrechen, was sie sehr erleichterte. Ihre Eltern wären nur auf weitere extravagante Erklärungen gekommen. Sie sei schwanger, wäre eine Möglichkeit gewesen.

Während sie versuchte, die Zeit totzuschlagen, kam der Montag immer näher. Natürlich dachte sie wieder an die Schule und an Leon. Aber die Gefühle, die sie am Freitag verspürt hatte, tauchten nicht auf, stattdessen entstand ein anderes, ihr unbekanntes Gefühl. Oder war es die Absenz von Gefühlen, die sie spürte? Es fühlte sich an, als wäre ein Gewicht auf ihrer Brust, was ihr das Atmen schwer machte. Natürlich hätte sie immer noch einen Marathon laufen können, wenn sie die Motivation dazu gehabt hätte. Sie war müde, die ganze Zeit, energielos, und doch konnte sie nie einschlafen, als wäre sie einfach müde, aber nicht bereit, sich auf dem Bett schlafen zu legen. Am einfachsten konnte man das mit der Angst vergleichen. Aber wovor hatte sie Angst? Leon war logischerweise einschüchternd und sie wollte ihm nicht mehr begegnen, aber mittlerweile hatte sie keine Angst mehr vor einer erneuten Begegnung. Sie wollte einfach wieder zurück zu der Zeit, als alles noch in Ordnung war, als sie noch keine Missgeburt war, als sie noch viele Menschen glücklich gemacht hatte mit ihrer Anwesenheit. Jetzt war sie nur noch eine Enttäuschung und alles, was sie noch ausmachte, nannte man Lesbe.

Abends lag sie stundenlang wach, nicht imstande einzuschlafen. Gedanken schwirrten umher und liessen sie nicht in das Reich der Träume eintauchen, weshalb sie erst um drei Uhr einschlafen konnte. Das wäre nicht schlimm gewesen, wenn sie nicht schon um sieben Uhr aufgewacht wäre. Diese vier Stunden Schlaf waren für Ellena nicht genug, weshalb sie nicht die Kraft hatte, etwas Sportliches zu unternehmen. Stattdessen lag sie weiter im Bett. Sie hätte gerne etwas gemacht, aber ihre Motivation liess es nicht zu, weswegen sie sich psychisch auf den Montag vorbereitete. Nicht wegen den Hausaufgaben, Prüfungen oder dem verpassten Stoff, sondern wegen Leon.

Aber sie konnte sich nicht auf das vorbereiten, was kommen sollte.

Der Montag stand vor der Tür. Der Wecker klingelte mit einer nervigen Musik, die die ohnehin schon tiefe Stimmung auf ein Minimum hinabsenkte. Den Klingelton sollte ich wechseln, dachte sie schon zum hundertsten Mal, doch sie wusste, dass sie es nie machen würde. Sie schlug verschlafen auf den Wecker und zwang sich auf die Beine. Heute Morgen blieb ihr Magen erstaunlicherweise ruhig.

Das Licht der Strassenlaterne erhellte dezent ihr Zimmer. Sie hatte eine Standardausstattung: Bett, Schrank und ein Pult. An den Wänden hingen Poster und Bilder, die sie an schöne gemeinsame Zeiten mit Freunden oder mit der Familie erinnern sollten. Eine dicke Staubschicht lag auf den Möbeln und der Boden war übersät von Dreck und Haaren.

Sie zog einen weiten Hoody und Jeans an und ging anschliessend in die Küche. Sie wollte ihr übliches Frühstück zubereiten: Müesli und was auch immer sie im Kühlschrank fand. Doch heute fand sie kein Müesli.

«Ma, wo ist das Müesli?», rief sie durch das Haus, während sie alle Schubladen öffnete und durchsuchte.

Plötzlich fiel etwas zu Boden. Sie schaute sich erschrocken um und lief vorsichtig in das Wohnzimmer, von wo sie die Geräusche vermutete. Sie zuckte erneut zusammen, als ein «Aua» ertönte. Ellena betätigte den Lichtschalter und liess den Raum hell werden.

Was sie sah, wollte sie liebend gerne aus ihren Erinnerungen löschen.

Vor ihr erhob sich ein Mann. Er war nackt. Verschlafen und mit grossen Augenringen drehte er sich zu Ellena um. Als er sie wahrnahm, blieb er erschrocken in seiner Bewegung stehen. Beide starrten ihrem gegenüber in die Augen. Sie blickte in ein ihr unbekanntes Gesicht, das nur aus Haaren zu bestehen schien. Ein langer Bart und genauso lange Haare fielen ihm auf seinen nackten Oberkörper.

Schliesslich wachte er aus seiner Starre auf und wickelte seine Decke um seinen Körper.

«Und du bist?», fragte er stotternd.

Ein weiterer Typ, der sich auf eine Affäre eingelassen hatte? Wie primitiv. Ellena rollte die Augen und machte sich wieder auf die Suche nach ihrem Müesli. Währenddessen rief sie erneut nach ihrer Mutter. «Ma, du hast etwas vergessen».

Endlich ertönten Schritte und ihre Mutter tauchte auf. «Was ist los?» Sie war genauso verschlafen wie ihr heimlicher Sexpartner.

Ellena deutete nur auf den Mann, der mit einem fragenden Blick dastand und das Geschehen beobachtete.

Der Kinnladen ihrer Mutter fiel fast auf den Boden. «Was zum Teufel machst du noch hier?», flüsterte sie, als wäre er immer noch ein Geheimnis, das man loswerden müsste, bevor es jemand erfuhr. Der fremde Mann gegenüber stammelte nur, als er sich der wütenden Mutter gegenübersah. «Ich dachte, ich hätte mich klar genug ausgedrückt, dass du spätestens um fünf Uhr weg sein musst». Ihre Stimme klang wütend.

Der Mann fand seine Stimme wieder. «Du hast nie etwas von einer Tochter erzählt», sagte er nur und schaute Ellena an. Er schien sich in seiner Haut gar nicht wohlzufühlen. «Mach, dass du wegkommst», schrie sie und schlug ihn mit ihren kleinen Händen. Er zuckte jedes Mal zusammen. Er sammelte schnell alles ein und verschwand, immer noch nackt, aus dem Haus.

«Du hast da etwas vergessen», schrie Ellenas Mutter, die einen Schuh vom Boden hob und hinterherschmiss. Die Tür fiel mit einem lauten Knall ins Schloss.

Dann blieb es still.

Ellena stand währenddessen mit der Müeslipackung in der Hand in der Küche und wartete gelassen auf die Rückkehr ihrer Mutter. Sie kam erst nach drei Minuten und lief anschliessend durch die Küche. Sie drehte einige Runden um den Tisch, bevor sie ihren Blick hob und Ellena ansah, die jetzt genüsslich das Müesli ass.

Ihre Mutter setzte immer wieder zu einer Erklärung an, schloss aber jedes Mal den Mund und lief eine weitere Runde um den Tisch.

«Du…», sagte sie schliesslich und deutete mit dem Zeigefinger auf Ellena. Mehr bekam sie nicht aus dem Mund.

«Ja, ich weiss von euren Affären», sagte diese mit vollem Mund. Heidi starrte sie perplex an. «Du weisst davon»?

Ellena nickte. «Ich bin kein unwissendes Baby mehr, Ma». Sie ass weiter. «Und ich nehme an, Dad ist nicht zuhause, weil er mit einer anderen Frau schläft»?

Ihre Mutter nickte, schien aber nicht weiter traurig oder enttäuscht zu sein. «Und das ist okay für dich? Dein Mann vögelt eine andere Frau».

Sie seufzte. «Hör zu, Ellena». Sie seufzte erneut und schnitt sich ein Stück Brot. «Du musst wissen, dass wir uns schon lange

nicht mehr lieben. Unsere Ehe ist... nicht mehr so wie früher.
Da sind Affären okay. Wir sind beide damit einverstanden.
Aber es war nie geplant, dass du davon erfährst».
Ellena zuckte die Schultern. «Wieso habt ihr nicht versucht,
eure Ehe zu retten?»
Sie zögerte. «Das werden wir sicher wieder versuchen», gab sie
nur als Antwort. «Du solltest dich fertig machen. Die Schule
beginnt schon bald».
Das stimmte nicht. Sie hatte immer noch genügend Zeit. Aber
ihre Mutter ging und räumte das Wohnzimmer auf. Für sie war
das Gespräch beendet. Für Ellena aber war es nur ein weiterer
Grund, sich den Kopf zu zerbrechen. Was sie gesagt hatte,
gefiel ihr gar nicht.
Für sie war es der Beweis, dass sie alleine die Familie
zusammenhielt und das auch nur halb. Sie war eigentlich auch
der Grund, wieso sie Affären hatten. Denn wenn es sie nie
gegeben hätte, wären sie nicht verheiratet und es wären keine
Affären mehr, sondern Beziehungen, glückliche Beziehungen.
Ab und zu vielleicht auch einen One-Night-Stand, aber ihre
Eltern wären wenigstens glücklich.
Dem stand Ellena im Weg.

Natürlich wartete Theo nicht vor ihrem Haus, als sie sich
schliesslich auf den Weg machte. Sie sah ihn erst in der Schule
wieder und sofort tauchten Gefühle in ihr auf, die sie nur noch
weiter in das depressive Loch hineinzog. Im Schulgebäude war
das alltägliche Gedränge und Lärm vorhanden. Ellena
versuchte so gelassen wie möglich in den neuen Tag zu starten
und sich ihre Nervosität nicht anmerken zu lassen. Jedoch war
sie immer auf der Suche nach Leon und seiner Bande, doch sie
waren nirgends zu sehen. Was natürlich nicht hiess, dass sie
einen ruhigen Tag haben würde.
Die erste Lektion begann mit Chemie, gefolgt von Französisch.
Die zwei Fächer, die sie am wenigsten mochte. Dies lag vor
allem am Lehrer. Herr Stulz war ein typisches Beispiel für einen

Lehrer, der von allen Schülern gehasst wurde, aber seinen Unterricht nicht änderte, weil er seine Position und das Quälen der Schüler genoss. Ein Tyrann der Schulzimmer. Zum Glück wurden solche Menschen Lehrer und nicht Staatsoberhäupter. Jedenfalls war er extrem streng und zeigte den Hass gegenüber den Schülern während den Prüfungen. Fragen, auf die man keine Antwort haben konnte, Aufgaben, die man noch nie gesehen hatte, Aufträge, die nie in den Lernzielen standen. Für seine Prüfungen zu lernen war wie das Universum zu verstehen. Unmöglich und völlig sinnlos. Die Noten sahen entsprechend aus. Viele Schüler waren schon wegen ihm durch das Jahr gefallen oder von der Schule geflogen und immer noch konnte er seine Machenschaften durchziehen, ohne Konsequenzen davonzutragen. Direktoren standen lachend daneben und hielten die Augen verschlossen.

Ellena hasste ihn deswegen. Weitere Gründe waren seine Arroganz und seine Art, die Schüler zu behandeln, die Schwierigkeiten hatten. Herr Stulz war nicht der Lehrer, der den Schülern half, wenn man etwas nicht wusste oder eine falsche Antwort gab. Normale Lehrer würden sich für den Schüler einsetzten, und in die richtige Richtung lenken.

«Hinsetzen», hörte man seine Stimme durch das Klassenzimmer schreien. Seufzer ertönten, während die laute Meute Platz nahm. «Wir fahren mit den Alkinen fort. Nehmt das Dossier…». Sein Monolog wurde unterbrochen. Leon und seine Gruppe öffneten lachend die Tür und ignorierten die wütenden Rufe von Herr Stulz. Dann erstarb Leons Lachen, als er Ellena erblickte. Sein Gesicht wurde ernst. «Sie ist wieder da», sagte er zu seinen Freunden, die ebenfalls mit dem Lachen aufhörten.

Ellena zog ihre Kapuze über den Kopf und versuchte sich vergebens zu verstecken. Leon kam schon auf sie zugelaufen. «Ich habe schon gehofft, dass wir dich los waren. Dein Pech. Hättest zuhause bleiben sollen», flüsterte er mit einem verachtenden Ton. Hass war zu spüren. Sie hielt den Kopf gesenkt, während er einen Stift aus ihrem Etui entwendete. Herr Stulz schritt schliesslich ein. Natürlich zugunsten von Leon. «Ellena, halte sie nicht auf und gib den Stift zurück». Wie blöd und kurzsichtig er doch war. «Aber…», begann sie, hielt jedoch inne, als sie Leons Blick wahrnahm. Sie verstummte augenblicklich.

«Herr, Stulz», ertönte eine fremde Stimme. «Der Stift gehört Ellena, nicht Leon». Ellena drehte sich zu der Stimme um. «Wie heisst du nochmal? Ist ja auch egal. Offensichtlich gehört er Leon. So wie er reagiert hat, ist das die einzige Erklärung», verteidigte sich der Lehrer und fuhr mit dem Unterricht fort. Ellena hätte ihm gerne ins Gesicht geschlagen. Für einen Lehrer war er sehr blöd, zurückgeblieben und parteiisch.

Der Vormittag verging und Herr Stulz wurde durch andere Lehrer ersetzt. Wie jeden Tag klingelte schliesslich die Glocke zum Mittag. Alle Schüler verstauten ihre Schulsachen, während die Lehrerin noch um Aufmerksam bat.

«Der Lehrer beendet den Unterricht». Schliesslich gab sie auf und lief aus dem Zimmer.

Ellena blieb.

«Ich bin übrigens Emilia». Das fremde Mädchen stand plötzlich vor ihr und hielt ihre Hand ausgestreckt. «Hallo», sagte sie schüchtern und schüttelte die Hand. «Ich bin Ellena».

Emilia wollte gerade etwas erwidern, als Leon zu ihnen stiess. «Das wird ja immer besser. Die kleine Lesbe hat eine Freundin gefunden. Mach, dass du hier wegkommst», sagte er zu Emilia. Doch sie blieb. «Hast du nicht gehört? Verpiss dich»! Sein Ton wurde zunehmend aggressiver.

Emilia verdrehte die Augen und drehte sich zu ihm um. Sie standen Nase an Nase da. Beide schauten böse, wobei der Blick von Emilia furchteinflössender war. «Oder was?»

Leon lächelte nur. «Das wirst du noch bereuen». Dann lief er davon.

Emilia schaute hinterher. «So ein Feigling. Nicht mal Eier hat er». Sie drehte sich wieder zu Ellena um, die die Luft angehalten hatte. Ein bisschen geschockt schaute sie zu ihrer Retterin auf.

Emilia war eine kleine Frau, die ihre Grösse mit ihrem toughen Aussehen wettmachte. Sie trug ein weisses T-Shirt unter einer etwas zu grossen schwarzen Lederjacke. Ihre Jeans waren vom häufigen Gebrauch blass und löchrig, wobei es auch teure Markenkleider hätten sein können. Die schwarzen Stiefel passten zu ihren dunklen Haaren. Einzelne Haarsträhne waren violett gefärbt.

Ihr Gesicht war wunderschön. Ein breites Lächeln strahlte, ihre Augen waren tiefblau und mit einem schwarzen Lidschatten versehen. Die strahlendweissen Zähne funkelten.

«Oh, habe ich Lippenstift auf den Zähnen»?

Ellena hatte nicht bemerkt, wie sie Emilia anstarrte. Ihr Mund stand offen. Sie war erstaunt und beeindruckt zugleich. Nicht nur von ihrem Aussehen, auch von ihrem Verhalten Leon gegenüber. «Nein, hast du nicht», antwortete sie hastig. «Es ist nur..., das hättest du nicht tun sollen. Das mit Leon meine ich».

Ellena räumte ihre Schulsachen auf.

«Ach, komm schon. Er ist nur ein weiterer Typ, der sich in der Welt behaupten will». Ellena antwortete nicht darauf. «Bist du eigentlich neu hier?», fragte sie stattdessen.

Sie nickte und lächelte. «Ich komme von einem kleinen Städtchen irgendwo im Norden. Kennt niemand. Heute ist mein erster Tag hier».

«Naja, diese Stadt ist nicht viel besser, oder»?

Sie sprachen noch einige Minuten weiter, bis der Abwart sie aus dem Klassenzimmer schickte. «Ich muss los. Habe ein Gespräch mit dem Direktor», sagte Emilia und wollte sich auf den Weg machen, zögerte aber. «Und lass dich nicht von so einem Arsch wie Leon unterkriegen. Du bist mehr, als was er sagt». Sie zwinkerte mit ihrem linken Auge. Dann war sie verschwunden und liess sie alleine zurück.

In Ellena entstand ein Gefühl, das sie glücklich stimmte. Emilia hatte sich für sie eingesetzt, während alle anderen Schüler blind zusahen und lachten. Sie hatte sich gegen Leon gewehrt, was sich niemand je getraut hatte. Vielleicht war es ihr nicht bewusst, wie er tickte und was sie für Folgen davontragen könnte. Sie war immerhin erst seit einem Tag an der Schule und kannte nicht die Regeln, die man einhalten sollte, wenn man ein einigermassen ruhiges Schuljahr wollte. Eine davon wäre, sich nicht mit Leon und seiner Bande anzulegen. Wenn sie Glück hatte, liess er es bei ihr durchgehen.
Jedenfalls war sie froh, dass Emilia den Mut hatte, sich ihm zu widersetzen. Wovon wurde sie wohl gerettet? Es gab ihr ein bisschen Hoffnung, dass sie doch nicht so alleine war, wie sie dachte. Seit Theo sich als ein Angsthase entpuppt und sich von Ellena abgewandt hatte, fühlte sie sich hilflos. Emilia war vielleicht das Gegenmittel.
Hoffnung wollte sie sich aber nicht machen.
Sie kannte Emilia nicht. Sie hatten nur ein kurzes Gespräch miteinander, was noch nicht hiess, dass sie beste Freundinnen werden würden. Vielleicht war sie nur so nett und hatte sich nur für Emilia eingesetzt, weil sie Leon nicht kannte. Mit grosser Wahrscheinlichkeit würde auch sie sich von ihr abwenden, sobald sie ihn verstanden hatte. Sie wäre wieder alleine.
Darauf hatte sie sich aber schon vorbereitet.

Zum Glück war der Lehrer für die Fächer krank, die sie am Nachmittag gehabt hätte, weshalb sie sich zuhause entspannen konnte. Sie ging ins Wohnzimmer, wo sie sich in den Sessel setzte. Das Sofa sah zwar sauber aus, aber es ekelte sie an, dass ein nackter Mann darauf geschlafen hatte. Nachdem sie die Zusammenfassung aus dem Internet abgeschrieben hatte, von dem Buch, das sie hätte lesen sollen, schaute sie sich eine Serie auf Netflix an. Mit der Hilfe von Netflix und den vielen Filmen auf illegalen Webseiten konnte sie sich treiben lassen und das aktuelle Leben, die momentane Gefühlslosigkeit, vergessen. Geschichten ohne ein Happy End und tote Lieblingscharaktere halfen ihr Gefühle zu entwickeln, die sie verloren zu haben schien. Tränen waren der Beweis, dass sie noch fühlen konnte, etwas anderes fühlen konnte, als das, was Leon in ihr verursachte.

Die Zeit verging schnell mit den Filmen und Serien. Schliesslich kamen ihre Eltern nach Hause und waren bereits in ein tiefes Gespräch verwickelt. Wahrscheinlich ging es um Ellena und die Affären, die nun keine Geheimnisse waren. Jedenfalls nicht mehr vor ihrer Tochter.

«...müssen uns zusammenreissen. Ellena hat eine richtige Familie verdient. Vielleicht müssen wir es nochmals versuchen. Das mit uns».

Ellena machte sich bemerkbar. «Oh, schon zu Hause?», fragte ihr Vater. «Ja, der Lehrer war krank». Sie konzentrierte sich wieder auf den Fernseher und liess ihre Eltern den mitgebrachten Einkauf auspacken.

«Es gibt Pizza. Ist das okay?», fragte ihre Mutter, als der Abend näherte. Ellena hatte mittlerweile den dritten Film angefangen. Sie gab ein «Ja» zurück.

Ihr Handy vibrierte plötzlich. Sie hatte eine Nachricht von einer Nummer erhalten, die sie nicht gespeichert hatte. Trotzdem wusste sie, wer es war. «Piss dich aus unserer Schule, scheiss Lesbe». Wenige Sekunden später erschien die nächste. «Wärst du bloss bei der Geburt gestorben, Missgeburt». Das Handy in ihrer Hand vibrierte weitere Male, während die Texte immer weitere Beleidigungen beinhalteten.

«Mit wem schreibst du denn, Schätzchen?», fragte ihre Mutter. Das Vibrieren schien sie gehört zu haben, obwohl die Küchenmaschine lärmte. Ellena antwortete mit einer gebrochenen Stimme. «Das ist nur der Klassenchat, Ma. Wir haben morgen eine Prüfung». Ihre Mutter nahm die Erklärung fraglos auf.

Den Beleidigungen folgten Drohungen. Den Drohungen folgten Bilder.
Den Bildern sollten Taten folgen.

Die Pizza war fertig. Alle drei sassen am Tisch und assen Stück um Stück das selbstgemachte Lieblingsgericht von Ellena. «Hör zu», begann ihr Vater mit vollem Mund. «Die Affären haben nichts mit dir zu tun. Du bist nicht der Grund, wieso es zwischen uns nicht geklappt hat, okay? Aber ich verspreche dir, dass…». Er wurde unterbrochen. Das Telefon klingelte mit einem altmodischen Klingelton.
«Wer ruft um diese Uhrzeit noch an?», fragte er sich. Ihre Mutter zuckte mit den Schultern und ging den Hörer abnehmen. Ellena ass weiter, ohne sich Sorgen zu machen, ohne sich zu fragen, wer am anderen Ende stand und ihr das Leben zur Hölle machen wollte.
«Ja, hallo»?
Ellena dachte, dass es ein erneuter Versuch war, nutzlose Dinge zu verkaufen und die Kunden hinters Licht zu führen. Oder eine alte Frau, die sich verwählt hatte, die Telefonnummer des Altersheims nicht mehr wusste, in dem ihr alter Ehemann lebte. Oder ein Streich. Von der heutigen Jugend konnte man solche Dinge erwarten
Wie sehr sie sich irrte.
«Oh, Leon», sagte ihre Mutter nach einer kurzen Stille. Ellena hielt inne, während der Käse von der Pizza fiel und ihr T-Shirt mit Tomatensauce bekleckerte. Ihr Herz zog sich schmerzhaft zusammen. Adrenalin schoss durch ihre Adern. Panik stieg auf.
«Nein», hauchte sie nur, die langsam ahnte, was Leon vorhatte. Sie stand auf und wollte zu ihrer Mutter gehen und ihr den Hörer aus der Hand reissen. Aber es war zu spät. Sie sah es bereits in ihrem Gesicht und in der Art, wie sie zu ihr schaute, dass er erzählt hatte, was sie ihren Eltern nie erzählt hätte. Die Augen ihrer Mutter waren gross und drückten

Abscheu und Überraschung aus. Durch und durch eine negative Reaktion.

Still und sprachlos legte sie auf und ging, ausdruckslos und wie ein Zombie, zurück an den Tisch. Sie liess sich auf den Stuhl plumpsen. Ihr Vater hatte ebenfalls innegehalten und schaute sie fragend an. Er wartete auf eine schlimme Nachricht. Vielleicht erwartete er, dass jemand gestorben war.

Es blieb fast eine Minute lang still.

«Du bist eine Schwuchtel?», fragte ihre Mutter leise und schaute sie erwartungsvoll an, als hoffte sie, es wäre nicht wahr, was Leon ihr gesagt hatte.

«WAS?», ertönte der Schrei des Vaters unmittelbar darauf. Ruckartig stand er auf. Der Stuhl fiel mit einem lauten Krachen um. Ellena zuckte zusammen, blieb aber still. Sie nagte an den Fingernägeln.

«Stimmt es, was er gesagt hat? Bist du eine Schwuchtel?»

«Das Wort ist abwertend…».

«ELLENA. ANTWORTE», schrie ihr Vater, als sie nicht antwortete. Sie vermied Augenkontakt, nickte aber schliesslich. Für einen kurzen Moment war es still. Dann wurde es wieder laut. «Meine Tochter ist keine Schwuchtel», sagte ihre Mutter, die aufgestanden war und langsam Abstand suchte. «Ich habe keine Missgeburt grossgezogen. Ich bin nicht die Mutter einer… einer…». Sie fand das Wort nicht.

Ihr Vater übernahm. «Sag, dass es nur ein schlechter Witz ist. Sag es».

Ellena fühlte sich plötzlich ganz klein und verletzlich. Sie umarmte sich selber und kaute weiterhin, jetzt zitternd, an ihren Nägeln. Angst breitete sich schlagartig aus und Panik wuchs. Ihr Vater machte ihr Angst. Er war noch nie handgreiflich geworden, aber sein Gesichtsausdruck liess sie daran zweifeln.

«Das kann doch jetzt nicht wahr sein».

Dann wieder Stille für einen kurzen Moment.

«Und deshalb wirst du in der Schule gemobbt?», fragte ihre Mutter weiter.

«WAS? DU WIRST GEMOBBT»?

Ellena nickte erneut.

«Das hast du nun davon, eine Schwuchtel zu sein. Gemobbt zu werden, führt dich vielleicht in die richtige Richtung».

Sie war den Tränen nahe. Wie konnten die eigenen Eltern so etwas behaupten? Mobbing war nie gut. Es war scheisse und hatte nur negative Auswirkungen für die betroffene Person. Die Sexualität durch Mobbing zu verändern, war Blödsinn höchsten Grades.

Schluchzend erwiderte sie: «Hört auf, Schwuchtel zu sagen. Ich heisse Ellena und bin homosexuell. Keine Schwuchtel».

Hätte sie doch bloss den Mund gehalten. «Wir nennen es so, wie wir es wollen»!

Ihre Mutter schüttelte den Kopf, die Arme verschränkt. «Wir sind so enttäuscht von dir, Ellena. Nach allem, was wir für dich getan haben, für dich geopfert haben, dankst du uns mit so etwas? Wir haben diese Familie gegründet wegen dir. Wir haben geheiratet wegen dir. Wir haben dieses Haus gekauft, uns anständige Jobs besorgt. Alles für dich, in der Hoffnung, dass du eine normale Kindheit erleben würdest. Wir haben dich aufgezogen, weil wir eine erfolgreiche Tochter haben wollten. Wir wollten keine Schwuchtel in unserem Haus haben. Aber so wie's aussieht, haben wir eine komplette Enttäuschung grossgezogen».

Da war es wieder. Die Vorstellung der perfekten Tochter. Das war der Grund, wieso Ellena nie etwas von ihrer Sexualität erzählt und sogar vorgegeben hatte, in einen Jungen verliebt zu sein. Alles, um das Abbild der perfekten Tochter zu wahren, obwohl sie wusste, dass sie nicht in das Bild passte. Ihre Homosexualität passte nicht in das Bild, ebenso das, was in der Schule passierte.

Ellena war mit der Situation überfordert.

«Was haben wir nur falsch gemacht, Heidi», sagte ihr Vater. «Ellena, geh auf dein Zimmer. Ich muss mit deiner Mutter sprechen. Und denk darüber nach, was… was… geh einfach auf dein Zimmer».

Sie tat, was er wollte, und rannte die Treppen hinauf in ihr Zimmer, wo sie sich in ihr Bett verkroch. Sie hielt ihr Kissen, als wäre es jemand, den man umarmen könnte, und schrie hinein. Sie schrie in der Hoffnung, aus dem Alptraum zu erwachen, in dem sie sich gerade befand. Natürlich war es keiner.

Sie weinte, wie sie es die letzten Tage oft gemacht hatte. Nur war es heute am schmerzhaftesten. Die Reaktionen ihrer Eltern stachen mit jeder weiteren Aussage in ihr Herz und zerbrachen es Stück für Stück, bis sie sich wünschte, tot zu sein. Von einem Typen Beleidigungen anzuhören, war schmerzhaft, aber nichts im Vergleich mit dem, was sie von ihren Eltern hörte. Sie hatte gewusst, dass sie nicht positiv reagieren würden, wenn sie sich outen würde. Aber so? Das war ein nächst höheres Level. Stimmen wurden laut.

«Das ist alles nur deine Schuld», hörte sie ihre Mutter sagen. «Nur weil du ein zu kleines Kondom gekauft hast».

«Jetzt ist es plötzlich meine Schuld? Ich habe dir immer gesagt, was ich an deiner Stelle getan hätte. Es wäre für uns beide besser gewesen, wenn du sie zur Adoption freigegeben hättest. Aber natürlich musstest du auf deinen mütterlichen Instinkt hören und sie behalten».

Eine Vase flog durch die Küche und zersprang in tausend Stücke. «Ich konnte ja nicht wissen, dass sie sich zu einer Schwuchtel entwickelt. Es ist ebenso deine wie meine Schuld», schrie sie wütend.

Während ihre Eltern sich weiter Anschuldigungen an den Kopf schmissen, versuchte Ellena sich die Ohren zu zuhalten. Die lauten Stimmen drangen aber trotzdem durch.

«Ich mache alles kaputt. Ich mache alles kaputt», wiederholte sie leise für sich, als wäre es eine Bestätigung. Wofür?

Sie hatte die Freundschaft mit Theo zerstört, sie hatte das Leben ihrer Eltern auf den Kopf gestellt und sie unnötig abgehalten von einem Leben, das sie hätten haben können. Sie hatte das Gefühl, nur für Probleme geschaffen worden zu sein. Ihr ganzes Leben war eigentlich aus einem peinlichen Unfall entstanden. Das hatte sich nie wirklich verbessert. Die Probleme und Schwierigkeiten, die sie geschaffen hatte, wären nie geschehen, wenn sie nie geboren worden wäre.

Wäre ihre Mutter nur stark genug gewesen, sie abzutreiben, als sie nur ein kleiner Haufen Zellen war. Die Zerstörung hätte sich in Grenzen gehalten und ihre Eltern hätten ein Leben in Glück verbringen können. Nicht miteinander, dafür war ihre Liebe nicht echt genug gewesen, sondern mit anderen Lebenspartnern.

«Sind wir ehrlich. Unsere Bemühungen waren vergebens».

«Verdammte Scheisse. Wie stehen wir denn da? Nicht mal eine richtige Tochter konnten wir grossziehen».

Für einen Moment war wieder Stille. Jedenfalls drangen keine Stimmen mehr in Ellenas Zimmer.

«Hätten wir sie doch nur jemand anderem überlassen. Wir hätten so wenige Probleme. Wir könnten unsere Affären weiterführen».

«Dann sind wir uns einig»?

«Mit was?»

«Dass es keinen Sinn mehr hat, diese Familie beisammen zu halten»?

# 7)

Wie sie sich fühlte?
Wertlos. Verletzt. Sie fühlte sich als eine enorme Belastung.
Ihre Eltern liessen sich nicht blicken, schauten nicht in ihr
Zimmer, sie bekam keine Entschuldigung zu hören. Kein noch
so kleines «sorry». Nur weitere Gespräche drangen zu ihr
durch, die Themen behandelten wie Scheidung, Adoption,
Affären und Behandlung. Alles nicht wirklich Gesprächsstoff,
was eine Familie zusammenführen sollte.
Jedenfalls versuchte sie sich abzulenken. Mit jemandem zu
chatten wäre eine Möglichkeit gewesen. Aber mit wem?
Niemand würde mit ihr schreiben wollen, davon war sie
überzeugt. Das gleiche Problem war mit Telefonieren und zu
Freunden gehen, um Probleme von der Seele sprechen zu
können. Sie hatte niemanden mehr. Sie war alleine.
Deshalb beschloss sie, Musik zu hören. Es half nicht wirklich,
ihre Gefühle zu lindern oder ihre Einsamkeit und das
Alleingelassenwerden loszuwerden. Aber zumindest hörte sie
die lauten Stimmen ihrer Eltern nicht mehr. Nur noch Michael
Jackson und Elton John drangen als wunderschöne Töne zu ihr
durch, übertönt von lauten zerstörerischen Gedanken.
Dann schlief sie ein.

Am nächsten Morgen ging sie, ohne ein Wort mit ihren Eltern
zu wechseln, aus dem Haus. Sie machte nicht mal einen
Abstecher in die Küche, weshalb ihr Magen knurrte. Aber das
war ihr egal. Hauptsache, sie musste nicht mit ihren Eltern
reden oder ihnen in die Augen schauen. Ob ihre Familie jetzt
zerstört werden würde, war ihr vollkommen gleichgültig. Es
hätte eh nicht länger funktioniert.
Die einzige Frage, die sich stellte: Was würde aus ihr werden?
Nach dem Aufstand von gestern würde keiner der Beiden sie
aufnehmen wollen. Aber auch das war ihr schlussendlich egal.

Vielleicht wäre sie besser dran, ohne ihre Eltern. Oder ihre Eltern waren besser dran, ohne sie.

Jedenfalls war wieder Schule, und ein neuer Tag inmitten von Mobbing sollte beginnen. Sie war nicht einmal im Gebäude, und es startete bereits.

«Hey, Lesbe. Hattest ein gutes Gespräch mit deinen Eltern? Hoffentlich wurden sie nicht handgreiflich», ertönte Leons ironische Stimme. Er wartete mit verschränkten Armen und mit einem Lächeln vor dem Eingang, sodass sie sich am liebsten übergeben hätte. Neben ihm standen Liam, Salomée und Noel. Salomée hielt ihr neustes Handy in der Hand und schien ihr Ankommen aufzunehmen. Alle lachten.

Ellena versuchte, sich in ihrer Kapuze zu verstecken, hielt den Blick gesenkt, verlangsamte ihren Schritt. Was auch immer sie vorhatten, es war es wert, aufgenommen zu werden. So schien es jedenfalls.

Liam und Noel versperrten jetzt die Eingangstüren mit ihren breiten Schultern, während Salomée auf Abstand ging, um ein möglichst gutes Bild zu erwischen. Leon stand nur da und wartete, seine Arme verschränkt, lächelnd.

«Deine Mutter hat nicht positiv reagiert, nicht»?

Sie reagierte nicht, lief nur noch langsamer, damit andere Schüler zu ihr aufschliessen und sie zwischen ihnen hindurchschlüpfen konnte. Andere Leute kamen. Aber sie hielten in sicherer Entfernung an.

«Ich wäre zu gerne dabei gewesen», beteiligte sich Noel, der sich wie ein Türsteher aufführte.

Ellena stand nun auf der ersten Treppe und ging langsam, Schritt für Schritt weiter. Sie hatte Angst. Doch die anderen Schüler hinter ihr gaben ihr ein bisschen Sicherheit. Sie wagen sicher nicht, ihr etwas anzutun, wenn so viele Menschen zuschauten.

Dann stand sie vor dem Eingang.

«Waren wir noch nicht deutlich genug? Wir wollen keine scheiss Lesbe an unserer Schule haben».

Weiterhin ignorierend lief sie auf Liam zu, beziehungsweise auf die Tür, die er zu bewachen hatte, und wollte nach der Klinke greifen, doch er stellte sich davor. «Lutsch meinen Schwanz. Dann kannst du vorbei», sagte er und feierte sich selber über das Gesagte.

Ellena behielt ihre kalte, emotionslose Miene bei, auch wenn es schwer war. «Lass mich vorbei», sagte sie entschlossen. Jedenfalls wollte sie es so sagen, doch es klang nur verängstigt und ohne jegliche Kraft. Sie lachten nur und blieben weiterhin standhaft vor der Tür stehen.

Währenddessen rückten die anderen Schüler auf, sodass sie sich auf der Treppe befanden und warteten, dass sie die Schule betreten durften. Ihre Gesichter waren keineswegs von Mitleid gezeichnet.

«Wieso?», fragte Ellena, die sich zu Leon umdrehte. «Wieso musstest du meinen Eltern davon erzählen»?

«Was ist hier los?», ertönte plötzlich die Stimme von Herr Stulz. «Geht hinein. Der Unterricht beginnt bald». Er schlängelte sich zwischen den Menschen hindurch und öffnete die Eingangstür. Noel hatte sie ihm aufgehalten. «Herr Stulz, bitte», rief Ellena und lief ihm hinterher, wollte durch die offene Tür verschwinden. Sie wurde nur von Noel weggestossen, wobei sie stolperte und auf den Boden fiel. Herr Stulz hatte sie ignoriert.

«Lasst mich rein».

Sie stand wieder auf. «Nein», bekam sie als Antwort zurück. Leon stand vor ihr, Liam daneben. Salomée hielt weiterhin das Handy und filmte. Leon griff Ellena am Handgelenk und zog sie, unter Protest, zur Treppe. Salomée lachte und feuerte ihn weiter an.

Dann plötzlich fiel sie und prallte hart auf die Treppe auf, wo sie durch die wartenden Schüler rollte und schliesslich unten zum Stillstand kam.

Alles, was sie spürte, war Schmerz, alles, was sie hörte, war Gelächter. «Schick das an alle», hörte sie Leon sagen. Dann wurde es schnell still.

Der Boden war plötzlich so bequem und kalt, dass sie sich nicht die Mühe machen wollte aufzustehen. Es war herrlich.

Doch die Tränen fielen.

Sie hatte vor, standhaft zu bleiben, hartnäckig, ohne Gefühle zu zeigen. Doch die aufgestauten Gefühle brachen los. Der physische Schmerz liess nach, doch der psychische, der seelische Schmerz brach die bisherigen Rekorde. Sie dachte nicht an Leon, Liam, Noel oder Salomée, die sie die Treppe runter geschmissen und ihre Freude an der Schule genommen hatten, auch nicht an die Schüler, die sie hier zum Sterben liegen gelassen hatten und versuchten nicht zu sehen, auch nicht an die Lehrer, die sicherlich aus den Fenstern schauten und lachten, wobei sie diejenigen hätten sein sollen, die ihr zur Hilfe hätten eilen sollen.

Der Schmerz kam von ihren Eltern.

Doch sie gab nicht ihnen die Schuld daran, was passiert war. Wieso auch. Es war nicht ihr Fehler gewesen, dass sie so war, wie sie nun mal war. Sie gab sich die Schuld an allem. Wäre sie doch einfach normal, langweilig und perfekt. So, wie sie sich es gewünscht hatten. Wäre sie doch einfach... anders. Ohne ihre Sexualität wäre vieles besser. Ohne ihren Charakter, ohne ihren Kleidergeschmack, ihre Präferenzen.

Wäre sie doch einfach nicht da. Wäre sie doch einfach... tot. Dieser Gedanke machte ihr Angst. Die Gleichgültigkeit, wie sie über den Tod nachdachte, hätte sie nie von sich selbst erwartet. Dass sie jetzt, genau an dieser Stelle vor der Schule, sterben könnte und es ihr gleichgültig wäre, war etwas... War sie wirklich schon so tief gesunken?

Angst und Panik.

Dann klingelte es. Sie blieb noch eine weitere Minute auf dem kalten Steinboden liegen, bis sie sich zwang aufzustehen. An ihren Armen und Beinen würde sie blaue Flecken davontragen. Unter den Jeans spürte sie Schürfungen.

«Dieses verdammte Arschloch», fluchte sie leise, während sie endlich durch die Eingangstür trat.

Wo war Theo? Sie hatte versucht ihn aus ihren Gedanken zu verdrängen, ihre Hoffnung nicht auf ihn zu setzten. Aber wie konnte er nur? In diesem Moment hätte sie ihn am meisten gebraucht, und er war nicht da. An ihn zu denken, das schmerzte einfach. Sie kannte ihn seit er hierhergezogen war, hatten gemeinsam gespielt, hatten gemeinsame Abenteuer erlebt. Und jetzt? War er weg, obwohl sie Theo jeden Tag in der Schule sehen würde.

Wut wuchs in ihr, die während dem Tag noch weiter wachsen sollte.

Sie trat in das Schulzimmer ein, wo sich der Lehrer bereits auf seinem Pult ausgebreitet hatte. Wie immer setzte sie sich an ihren Platz, legte die Bücher darauf und wartete mit dem Kopf auf den Büchern auf den Beginn der Stunde. Sie wollte nach Hause. Nicht, dass sie etwas vorgehabt hätte. Sie wollte sich einfach in ihr Bett einkuscheln und einschlafen. Schlafen war so schön. Es war ein Zustand, bei dem man in eine wunderbare Welt eintauchen konnte. Die Zeit verging schnell, man hatte die Welt unter Kontrolle, weil sie klein und unbedeutend war. Es war ein Zustand, der dem Tod am nächsten kam.

Gelächter weckte sie aus ihren Gedanken. Sie schaute sich um und sah alle Schüler um sie herum am Handy. «Haha, das Opfer. Schau, wie sie fällt». «Schade, dass wir das Arsch verloren haben».

Sie wusste, worum es ging. Salomée hatte das Video verschickt. Das sah sie am Gesichtsausdruck von ihr und Leon. Sie sass auf seinem Schoss und schaute auf ihr Handy, lachend und mit gelegentlichen Seitenblicken zu Ellena.

«Geht es dir gut»? Emilia hatte sich neben sie gesetzt und schaute sie besorgt an. «Der Sturz hat schmerzhaft ausgesehen». Ihre Augen drückten Sorge aus. Ellena nickte nur, vermied Blickkontakt mit ihr.

«Setzt euch hin», ertönte die Stimme des Lehrers und Emilia verschwand wieder.

Damit begann wieder der Unterricht. Doch aufpassen konnte sie nicht.

Ihr war plötzlich alles egal. Auch wenn in der nächsten Woche mehrere Prüfungen anstanden, hatte sie nicht die Motivation, im Unterricht aufzupassen. Nur die gelegentlichen Papierkügelchen, die ihr an den Kopf geworfen und in die Haare gesteckt wurden, hielten sie wach. Auch wenn sie nicht darauf reagierte, wuchs ihre Wut auf alles und jeden immer weiter an. Sie versuchte sich zurückzuhalten, weil sie wusste, dass eine aggressive Reaktion sie nur noch weiter anstacheln würde. Sie würde ihnen direkt in die Arme spielen.

Sie blieb auch weiterhin ruhig, als plötzlich Stifte ihr Gesicht trafen. Ihr Pult war nach kurzer Zeit voll, ebenso der Boden. Dass regelmässig Stifte auf den Boden fielen und den Unterricht störten, war dem Lehrer offensichtlich egal. Er schüttelte nur den Kopf, als er sah, wie sie mit Papierfetzten übersät war. Unternommen hatte er nichts.

Ellena fühlte sich gedemütigt.

Nach drei Lektionen, die sich anfühlten wie ein ganzer Tag, wechselten sie das Klassenzimmer.

Ellena hielt ihre Bücher in der Hand und balancierte ihr Etui obendrauf. Sie hätte es kommen sehen müssen. Leon rempelte sie von hinten an, wobei alle Bücher auf den Boden fielen. «Na los, heb sie auf», forderte er. Komischerweise lief er weiter.

Sie bückte sich und sammelte die vielen Blätter auf, die aus einem der alten Bücher herausgefallen sind. Komplizierte Matheformeln und Graphen lagen offen. Glücklicherweise war ihr Etui verschlossen.

Als sie alles zusammen hatte und sich wieder erheben wollte, tauchte Noel hinter ihr auf und stiess sie abermals um. «Bleib auf deinem Niveau».

Sie wiederholte den Prozess, wartete aber geduldig, bis sie alleine im Gang war, um nicht ein weiteres Mal ihre Schulsachen vom Boden aufheben zu müssen. Das einzige, was sie davon hatten, war ihre Wut, die sie irgendwann nicht mehr zurückhalten könnte. Vielleicht warteten sie darauf. Vielleicht war das ihr Ziel. Doch was nützte das ihnen? Wollten sie sich nur an ihr ergötzen und ihre unerschütterliche Arroganz zeigen und sich vor den Schülern behaupten, dass sie so stark waren, wie sie immer sagten? Vielleicht suchten sie nur Spass.

Jedenfalls ging es den ganzen Tag so weiter. Sie wurde umhergeschubst, als wäre sie ein Gummiball, der zu nichts anderem geeignet war. Sie wurde angerempelt, als wäre sie ständig im Weg, wie ein nutzloser Gegenstand, dem man übers Internet angedreht bekam. Sätze wie «Aus dem Weg», «Berühr mich nicht, Schlampe» oder «Steck mich ja nicht mit deinem Dreck an» wurden ihr hinterher gebrüllt. Durch die ganze Schule, damit jeder und jede es hören konnte. Ob sie Mitleid empfanden? Die anderen Schüler, die einfach nur zuhörten? Sie wusste nicht, was schlimmer war, was sie mehr verletzte. Die ständigen Verwünschungen und Beleidigungen oder das Anrempeln?

Ersteres hatte eine Wirkung auf das Gemüt, doch man konnte sie leicht ignorieren und als Unsinn abstempeln. Man brauchte nur das nötige Selbstvertrauen, das Wissen, was man wirklich war, wer man wirklich war. Hörte man auf die Sachen, die einem an den Kopf geworfen wurden, war die Chance gross, sie zu glauben, ob sie nun der Wahrheit entsprachen oder nicht. Das eigene Einreden war oftmals schlimmer als die Beleidigungen. Sie waren leider oft der Anfang.

Das Anrempeln hingegen kann man nicht ignorieren. Man konnte so tun, als ob nichts passiert wäre, und einfach weiterlaufen. Aber man konnte das Aufnehmen dieser Taten nicht verhindern, was sie äusserst verletzend machte.

Wie bereits gesagt, wuchs ihre Wut währenddessen immer weiter an, bis sie sich wünschte, Leon auf den Mond schiessen zu können. Zusammen mit Liam, Noel und Salomée natürlich. Sie waren kein Deut besser.

Doch sie konnte sich zurückhalten. Vorerst jedenfalls.

Das änderte sich aber, als die Schule zu Ende ging und sie sich auf den Weg nach Hause machen wollte.

Völlig niedergeschlagen, aber gefüllt mit Wut, lief sie zu ihrem Schliessfach und verstaute ihre Bücher und Ordner. Sie hatte sie vergeblich mit sich rumgeschleppt. Eigentlich war der ganze Tag vergeblich. Nicht ein einziges Mal konnte sie sich auf den Unterricht konzentrieren. Immer wieder waren Stifte und Papierfetzen geflogen. Wenn nicht, war sie betrübt und am Träumen. Vielleicht war sie eingeschlafen. Einen Unterschied hätte es nicht gemacht.

Jedenfalls zog sie sich die Kapuze wieder übers Gesicht. Sie fühlte sich komischerweise sicherer, wenn sie sich etwas verstecken konnte. Nicht, dass sie unsichtbar war, aber so musste sie nicht in die Gesichter schauen, wenn sie an Schüler vorbeilief, die sie komisch und belustigt beäugten.

Leider bewahrte es sie nicht vor Leon.

Ihre Wut war mittlerweile auf einem Höchststand. Wenn sie die Möglichkeit hätte, würde sie die ganze Schule niederreissen. Es fühlte sich an, als würde in ihr ein Feuer toben. Sie war die ganze Zeit gereizt. Es war nur eine Frage der Zeit, bis sie die Wut nicht mehr kontrollieren konnte.

Sie verschloss ihr Schliessfach, verstaute Bücher in den Rucksack und machte sich auf den Weg. Nach Hause wollte sie eigentlich nicht. Ihren Eltern in die Augen zu blicken, dafür hatte sie nicht die Kraft. Falls sie überhaupt zu Hause waren. Es war sehr gut möglich, dass sie bereits eine neue Beziehung hatten.

Was sie nach Hause trieb, war ihr Bett. Ihr wohliges Bett, wo sie sich einfach ausruhen und alleine sein konnte. Die Toilette hatte den selben Zweck, nur war sie nicht so bequem.

Die Zukunft war ungewiss. Das machte ihr Angst. Dass ihre Familie sich auflösen würde, war fast schon unausweichlich. Die einzige Frage, die sich ihr stellte, war, was aus ihr werden würde? Bei wem würde sie wohnen? Bei ihrem Vater oder ihrer Mutter? Oder bei jemand anderem, den sie noch nicht kannte. Wie auch immer die Zukunft aussehen mochte, es konnte nur besser werden. Oder?

Schliesslich waren Veränderungen nicht immer schlecht. Jedenfalls verliess sie die Schule und lief gemächlich die Treppen hinunter. Sie hielt sich nahe am Geländer, sollte jemand auf die Idee kommen, sie hinunter zu stossen. Nochmals so gedemütigt zu werden, wollte sie verhindern. Denn das Video von Salomée war nun in aller Munde. Alle Schüler schienen es gesehen und darüber gelacht zu haben. Memes wurden bereits durch Klassenchats geschickt, die sie weiter demütigten. Nur die ersten zwei hatte sie sich angeschaut und dann beschlossen, sich nicht weiter davon ablenken zu lassen und sie zu ignorieren. Nur das Gelächter deutete immer wieder auf eine neu geschickte Nachricht hin. «Wir sollten sie nochmals runterwerfen», hörte Ellena sie einige Male sagen. Vielleicht war sie auch nur paranoid und dachte, so etwas gehört zu haben.

Die ganze Schule hatte an diesem Tag zur gleichen Uhrzeit fertig. Alle schienen unbeschwert zu sein. Niemand achtete auf Ellena oder fragte sich, wie es ihr ging.

Das Schulgelände war von Schülern übersät, die sich in kleinen Grüppchen zusammengefunden hatten und sich unterhielten. Eine harmlose Menschenansammlung. Doch für Ellena war es wie ein Minenfeld, durch das sie sich hindurchkämpfen musste. Jeder der Anwesenden konnte sich einen Spass mit ihr erlauben.

Fühlte sich kein anderes Mädchen zu Frauen hingezogen? War sie wirklich die einzige oder waren noch andere homosexuelle Frauen an dieser Schule? Wenn ja, wo waren sie? Sie müssten ja wissen, was das bedeuten konnte. Wahrscheinlich hatten alle Menschen Probleme, die zur LGBTQI+ Community gehörten, und wenigstens die hätten zu ihr stehen und sie unterstützen können, oder? Es gab immerhin viel mehr solche Menschen, als man glaubte.

Aber anscheinend war sie alleine.

Gedankenverloren lief sie über den Schulplatz. Umgeben von diesen Leuten, spürte sie ihre Gereiztheit wieder hervortreten. All diese Menschen gingen ihr plötzlich enorm auf den Sack. Aus welchem Grund wusste sie nicht. Sie fühlte plötzlich eine Ablehnung gegenüber…, gegenüber allem. Motivation war angesichts ihrer Zukunft und der restlichen Woche, wie weggeblasen. Eine klaffende Leere machte sich auf.

Platz für negative Gedanken war geschaffen.

Wie scheisse sie doch war. Was für ein Opfer. Kein Wunder waren alle abweisend ihr gegenüber. Kein Wunder wollte niemand etwas mit ihr zu tun haben. Selbst Theo hatte sich von ihr entfernt und sie sogar auf What's App gesperrt. Wahrscheinlich wurde ihre Nummer auch gelöscht. Sie hätte das auch getan. Wer würde schon mit ihr schreiben wollen? Sie war nicht lustig. Sie war nicht schlau. Sie war nicht unterhaltsam, liebenswert oder facettenreich. Sie war einfach eine langweilige Person, die keine Freundschaft verdient hatte. Dass sie einmal mit Theo befreundet gewesen war, stempelte sie als eine falsche Beziehung ab. Also war sie eigentlich die ganze Zeit, ihr ganzes Leben alleine gewesen. Ihre Eltern zählte sie nicht dazu, da sie nichts Freundschaftliches mehr zu bieten hatten. Auch als Vater und Mutter standen sie nicht mehr hinter ihr. Was machte sie dann noch hier? Vielleicht wäre es besser, abzuhauen, ein neues Leben aufzubauen. Alleine. So wie es ihr immer vorbestimmt zu sein schien. Was hatte sie auch anderes verdient? So ein minderwertiges Wesen, wie sie es war, konnte nichts Besseres als sich selbst erwarten. Sie war einfach nur… wertlos.

Der Beweis folgte fast augenblicklich.

Sie stand inmitten der Menschenmenge und wollte in die Strasse einbiegen, die sie nach Hause führen sollte. Sie war so tief in Gedanken versunken, dass sie gar nicht merkte, wie sich Leon von hinten anschlich und es um sie ruhig wurde. Er hatte eine Coca-Cola-Flasche in der Hand. Wahrscheinlich war nicht nur Cola drin, sondern auch andere ekelhafte Flüssigkeiten, die man lieber nicht trinken sollte.

Was er mit der Flasche machte, war für einige Schüler klar. Diese machten ihre Nachbarn auf das kommende Spektakel aufmerksam.

Dann löste er den Inhalt über Ellena.

Sie fühlte, wie ihre Kleider die Flüssigkeit aufsaugten. Kälte lief ihr den Rücken hinunter und liess sie frösteln. Abrupt blieb sie stehen, was Leon natürlich ausnutzte und den restlichen Inhalt über sie ergoss. Um sie herum ertönte ein Meer aus Gelächter. Während sich die Flüssigkeit weiter ausbreitete und ein nach Pisse riechender Geruch sich ausbreitete, brach in ihr der Wall, der ihre Wut hätte zurückhalten sollen. Er barst in tausend Stücke und eine unvorstellbare Energie durchflutete sie. Ihr Körper zitterte jetzt. Nicht vor Kälte oder der Angst. Sie zitterte vor Wut.

Sie drehte sich langsam um und blickte in Leons Gesicht, der sich vor Lachen nicht mehr unter Kontrolle hatte. Er wurde von allen gefeiert.

Was für ein niederträchtiges Stück Scheisse. Wie konnte er immer noch so beliebt sein, nach allem, was er getan hatte? Nicht nur ihr, sondern auch allen anderen Schülern. Er hatte keine Unterstützung von seinen Freunden verdient. Was er verdiente, war ein Schulverweis und eine ordentliche Backpfeife.

Wut trieb sie zu Taten, die sie im Nachhinein bereuen würde. Taten, die sie nicht wirklich machen würde. Aber was hatte sie auch zu verlieren?

Sie ballte ihre Hände zu Fäusten, öffnete sie wieder. Sie griff nach ihrem Rucksack und nahm ihn von den Schultern.

Mitsamt den schweren Büchern warf sie ihn Leon entgegen. In einem hohen Bogen flog er und traf ihn an der Schulter. Es sah schmerzhaft aus. Sein Lachen erstarb und er drehte sich zu ihr um. «Was hast du gegen mich, verdammt nochmal? Was habe ich dir je getan?», schrie sie. Zum Glück tropfte die Flüssigkeit weiterhin über ihr Gesicht und vertuschte so ihre Tränen.

«Ey, kommt her! Schlägerei!», ertönte eine Stimme, die sie aber überhörte. Ein Kreis bildete sich um Leon und sie, in der Hoffnung, eine Prügelei mitansehen zu können. «Hast du gerade deine Bücher nach mir geworfen?», fragte Leon. Verblüfft deutete er auf die am Boden liegenden Schulmaterialien. In seinen Augen blitzte Hass auf.

«Beantworte meine Frage, Arschloch», schrie Ellena weiter. Mittlerweile standen Zuschauer dicht an dicht nebeneinander und hielten ihre Handys erhoben.

«Lesbe, willst du Dick Pics»? «Ich kann dich wieder straight machen». «Wie kannst du uns nicht sexy finden»? Weitere ekelhafte Rufe wurden laut. Alle von Jungs, die eine Herausforderung in ihr gesehen zu haben schienen.

Es war eine gegen alle.

«Was hab' ich dir je getan, dass du mein Leben zerstören musst?», schrie Ellena weiter. Ihre Stimme brach sich.

«Deine Hässlichkeit ist Grund genug».

Sie lief auf ihn zu, bereit, das zu beenden, was sie angefangen hatte. Ihre Wut trieb sie weiter.

«Was willst du tun? Mich kitzeln?», höhnte er nur. Er war mehr als ein Kopf grösser und etwa doppelt so breit.

Sie standen nun ganz nahe beieinander.

«Ich weiss nicht, wieso du so bist, wie du bist, Leon», flüsterte sie, sodass nur er sie hören konnte, «aber es tut mir wirklich leid. Vielleicht wurdest du misshandelt, vielleicht bist du schwul oder einfach nur ein Arsch. Aber das gibt dir nicht das Recht...» Sie konnte nicht ausreden.

Sie wusste nicht, was passiert war. Sie schlug mit dem Hinterkopf auf den asphaltierten Boden auf und lag einfach auf dem Boden. Verwirrt blieb sie liegen. Ein vielfaches Oh ertönte. Gelächter folgte. Dann spürte sie den Schmerz.

«Wag es nicht, mich noch einmal schwul zu nennen».

Ellenas Wut war verflogen, weg, nichtig. Es war fast schon traurig. Sie hatte Gefallen an der Macht gefunden, die die Wut erzeugen konnte.

«Ellena, geht es dir gut»? Neben ihr hatte sich ein Mädchen hingesetzt und sah besorgt auf sie nieder. «Verpisst euch. Die Show ist vorbei». Ellena setzte sich langsam auf und rieb sich die Wange. Sie stöhnte, als sie die schmerzende Stelle berührte.

«Geht's dir gut? Komm, wir gehen ins Sekretariat».

Sie schüttelte den Kopf. «Ich will nach Hause». Das Mädchen nahm es teilnahmslos auf, sammelte die Bücher ein und verscheuchte die restlichen Schüler.

Ellena sass einfach nur da.

Die Wut, die alles in ihr aufgefüllt hatte, war vollkommen verschwunden und hinterliess eine gähnende Leere. Sie war kraftlos und antriebslos. Sie konnte sich nicht einmal gedemütigt fühlen, wie es nach so einem peinlichen Auftreten der Fall gewesen wäre. Die Wut schien die letzte Gefühlsregung in ihr gewesen zu sein. Sie zitterte nur noch und hätte auf der Stelle einschlafen und nie mehr aufwachen können. Sie sah nichts mehr vor sich. Keine Familie, keine Freunde, keine Motivation, keine Hoffnung auf Besserung. Ihr Leben war einfach nur scheisse und wertlos. Was würde sie jetzt geben, einfach einschlafen zu können. Was hatte das Ganze für einen Sinn? Das Leben war schwer. Der Tod war plötzlich so einfach. Wenigstens er würde sie mit offenen Armen empfangen.

«Komm. Gehen wir». Das Mädchen stand vor ihr und hatte ihre Hand ausgestreckt. Den Schulsack trug sie in der anderen. Ellena blickte auf und war überrascht, in das Gesicht von Emilia zu schauen. Sie lächelte freundlich und verständnisvoll. Ihre blauen Augen zeigten Mitleid und Fürsorge.

Sie zwang sich, die Hand zu greifen. Wie schwer es war, so eine einfache Bewegung auszuführen. Emilias Hand war weich und warm.

Dann war sie wieder auf den Beinen. «Geht's»? Sie nickte nur. «Lass mich sehen», sagte Emilia und strich mit ihrer Hand über ihre Wange, die mittlerweile rot war und brannte. «Das wird schon wieder». Schwach erwiderte Ellena ihr Lächeln.

Doch es erstarb sofort, als sie ihren Blick von Emilia abwandte und über den Platz schweifen liess. Leon, Liam, Noel und Salomée standen gemeinsam und schauten mit einem bösen Blick zu ihnen. Ellena konnte nur anhand ihrer Blicke sagen, dass sie gerade erst angefangen hatten.

«Komm jetzt. Du wirst noch krank mit deinen nassen Kleidern». Emilia begleitete sie nach Hause. Ellena hielt ihren Kopf gesenkt. Es blieb für eine Weile still zwischen ihnen. Sie genossen die gegenseitige Anwesenheit.

«Danke».

Emilia lächelte. «Immer wieder gerne».

«...aber das hättest du nicht machen sollen. Jetzt ist er auch hinter dir her».

Ellena war dankbar, dass sie sich für sie eingesetzt hatte, aber sie schien sich den Folgen nicht klar zu sein. Sie wollte nicht, dass jemand Unschuldiges, jemand ihr Unbekanntes, sich in Gefahr brachte.

«Und wenn schon. Ich habe keine Angst vor ihm. Das solltest du auch nicht. Leon ist nur ein Mensch, den man in seine Schranken verweisen muss. Und wenn wir zusammenhalten, müssen wir uns auch nicht vor solchen Wixern fürchten».

Wir.

Dieses Wort hatte sie schon seit einiger Zeit nicht mehr gehört. Es tat ihr gut zu hören, dass es doch noch ein Wir gab, von dem sie noch ein Bestandteil war. Viele hatte sie in kürzester Zeit verloren. Doch viel Hoffnung machte sie sich nicht. Sie kannte Emilia nicht. Sie wusste nichts über sie, wer sie war. Auch wenn sie heute zu ihr gestanden hatte, würde das nicht heissen, dass sie es auch in einer Woche, in einem Monat, wieder machen würde.

Sie versuchte sich selber zu schützen, indem sie eine Mauer um sich errichtete. Eine Mauer, undurchlässig für Hoffnung.

«Hörst du? Ich bin für dich da». Emilia hielt sie am Arm, damit sie in ihre Augen schauen musste. Doch ohne eine Reaktion von sich zu geben, lief sie weiter.

Sie kamen bei Ellenas zu Hause an. Kein Auto stand in der Garage. Natürlich waren ihre Eltern weg. Zu erwarten, dass sie sich beruhigten und sich wieder zusammenfanden, war einfach nur falsche Hoffnung. Wahrscheinlich waren sie bei einem Scheidungsanwalt oder bei ihren heimlichen Beziehungen, die sie jetzt nicht mehr verheimlichen mussten. Immerhin hatten sie beschlossen, die Familie zu zerstören. Bis vor kurzem machten sie es passiv, jetzt hofften sie darauf.

«Danke», wiederholte sie. Ellena wollte so schnell wie möglich aus den verklebten und stinkenden Kleidern raus und ein heisses Bad nehmen.

Der Gedanke, sich im Bad einzuschliessen und sich zu ertränken, schoss hervor.

«Darf ich deine Nummer haben?», fragte Emilia.

Ellena hatte nichts dagegen. Ihr war immerhin alles egal. Also gab sie ihr die Telefonnummer und verabschiedete sich von ihr. «Mach nichts Dummes. Ich schreibe dir», rief Emilia hinterher und war schliesslich verschwunden.

Komischerweise konnte Ellena ihr Lächeln nicht vergessen.

Im Haus ging sie sicher, dass sie alleine war. Sie schloss sich im Badezimmer ein und betrachtete sich im Spiegel. Was für ein Anblick.

Ihr Make-Up war total verschmiert und verweint. Ihre Haare standen in allen Richtungen ab, als wäre sie in Teslas Labor gewesen. Ihre Wange, wo sie von Leon geschlagen wurde, war immer noch rot und würde sich mit Sicherheit in einen blauen Flecken verwandeln. Sie stand einfach nur da und beobachtete sich, als wäre sie eine verhasste Feindin, die plötzlich in ihren Alpträumen auftauchte.

Sie zog sich aus und ging in die Badewanne.

Dann vibrierte ihr Handy. Sie las auf dem Bildschirm eine kurze Nachricht: «Hey, ich bin's, Emilia. Wie geht's dir»? Sie schrieb nicht zurück.

Für eine Ewigkeit war sie im immer kälter werdenden Wasser und dachte nach. Nicht über sich oder Leon, nicht über Selbstmordgedanken oder Mobbing, nicht über Schule oder Theo, auch nicht über ihre Eltern oder ihre Zukunft.

Sie dachte an Emilia.

Was für schöne Augen sie hatte, was für ein unerschütterliches Selbstvertrauen, was für einen Mut sie besass. Ihre violette Haarsträhne und ihr Kleidungsstil waren einfach umwerfend. Ihre Freundlichkeit und ihr Zuvorkommen waren einfach…

Sie hielt inne.

War sie… war sie etwa verliebt?

Nein, das konnte nicht sein. Oder doch? Sie hatte sich zu einer gefühlslosen Hülle verwandelt und das Erste, was sich in ihr regte, wenn sie ein hübsches Mädchen traf, war Liebe?

Das war unwahrscheinlich.

Doch sie brachte Emilia nicht aus ihrem Kopf.

Während sie sich duschte und die klebrige Flüssigkeit auswusch, blieb sie weiterhin in ihren Gedanken. Plötzlich träumte sie von ihrem ersten gemeinsamen Kuss, ihren ersten gemeinsamen Ferien, ihr erstes Haus. Sie stellte sich eine Familie vor. Ellena und Emilia zusammen mit ihren zwei Kindern, die sich lachend vergnügten, während sie glücklich zusahen und über ihr Glück redeten. Sie stellte sich ihre Zukunft mit Emilia vor.

Komisch, wie schnell sich ihr Gemüt veränderte.

Sie lächelte sogar.

## 8)

«Bring dich um, Schlampe». «Leon hätte deine Fresse polieren sollen. Schlimmer kann es ja nicht werden». «Halte dich von meiner Freundin fern».

Ellena versuchte ständig, Kontakte zu löschen und zu blockieren, aber immer mehr Nachrichten erreichten sie. Unbekannte Nummern, verschiedene Accounts auf verschiedenen sozialen Medien. Die Menge an Nachrichten waren nach dem Vorfall vor der Schule in die Höhe geschossen. Sie versuchte sie zu ignorieren und einfach zu löschen. Leider machte sie den Fehler, vereinzelte Nachrichten zu lesen. Sie gab ihnen zu viel Platz im Herzen, schenkte ihnen zu viel Aufmerksamkeit. Was ihr geschrieben wurde, nahm sie in sich auf, glaubte manches, obwohl nichts davon stimmte.

Im Kontrast dazu stand Emilia.

Sie schrieben zusammen, die ganze Nacht. Sie war aufmunternd, motivierend und fürsorglich. Es war, als hätte sie jemanden gefunden, der zu ihr stand. Sie fühlte sich plötzlich sicherer, auch wenn sie alleine nicht gegen Leon ankämpfen konnten. Jemand war an ihrer Seite. Das hatte sie mehrmals versprochen. Und das gab ihr ein klein bisschen Hoffnung und etwas Lebensfreude.

Ob sie sich an diesem Abend hätte umbringen können, konnte sie nicht mit Sicherheit sagen, aber Emilia kam gerade zur rechten Zeit. Sie war am Ende. Es hätte nicht viel gefehlt, und sie hätte sich das Leben genommen. Davon war sie überzeugt. Immer nur Beleidigungen an den Kopf geworfen zu bekommen, körperliche Angriffe und immer wieder der Beweis, dass sie nichts wert war und einfach nur Probleme verursachte, waren nicht gut für ihre mentale Gesundheit gewesen und hätte früher oder später zu ihrem Tod geführt. Wahrscheinlich eher früher.

Aber hatte Emilia diese Tat verhindert oder nur verschoben?

Jedenfalls war sie die ganze Nacht alleine. Ihre Eltern kamen nicht nach Hause zurück und schrieben ihr auch nicht, wo sie waren oder was sie sich zum Abendessen kochen könnte. Sie waren einfach nicht mehr da. Auf allen Ebenen.

Sie wünschten sich gegenseitig eine gute Nacht und legten sich schlafen. Dies war die erste Nacht seit langem, in der Ellena sich beruhigt hinlegen und an etwas Schönes denken konnte. Bisher waren Leon und seine Bande, ihre Eltern und das Alleinsein immer hinderlich gewesen, mit positiven Gedanken einzuschlafen. Oder überhaupt schlafen zu können. Jetzt hingegen war ein Gefühl von Geborgenheit, etwas Freude und Hoffnung mit dabei. Ob Liebe auch dazu gehörte, konnte sie im Moment nicht sagen. Sie wusste ja nicht einmal, ob sie auch homosexuell war oder nicht.

Schliesslich brach der Mittwoch an und Ellena ging, wie gewohnt, in die Schule. Wie sie vermutet hatte, waren ihre Eltern nicht zurückgekehrt.

Eigentlich war sie froh darüber.

Sie hatten sich seit ihrem Outing nicht mehr unterhalten und das wäre sicher Gesprächsstoff Nummer eins gewesen. Sich zu rechtfertigen oder weitere Beleidigungen anzuhören wollte und konnte sie nicht. Nicht von ihren Eltern.

Emilia wartete vor der Schule, abseits des Schulgeländes, wo sich keine Schüler lange aufhielten. Somit waren sie vor den Augen von Leon noch verborgen, da sie von der gegenüberliegenden Strasse ankamen. Wie aufmerksam Emilia war. Ellena lief auf sie zu, die Hände in ihre Jacke versteckt, nicht wissend, was sie erwarten würde. Doch sie lächelte freundlich. «Hey». Sie war überrascht, als sie umarmt wurde, erwiderte die Begrüssung aber herzlich.

Emilia trug einen weiten Pullover, der ihr rund zwei Nummern zu gross war. Ihre Ärmel verdeckten die Handgelenke. Ihre Hosen waren selbstgefärbte Jeans, die sie mit Zeichnungen und Skizzen dekoriert hatte. Sie hatte ein herzschmelzendes Lächeln auf, das ihre strahlend weissen Zähne zeigte. Ihre blauen Augen wurden durch den schwarzen Lidstrich und den dezenten Lidschatten betont. Sie schien sich zu freuen, Ellena zu sehen.

«Wie geht's dir?», fragte sie, nachdem sie sich aus der Umarmung gelöst hatten.

«Gut», antwortete Ellena kurz.

An sich stimmte die Antwort. Sie war glücklicher als sonst, war nicht mehr so depressiv, nicht mehr so kraftlos und ohne Motivation. Aber es war immer noch nichts, verglichen zu ihrem psychischen Zustand, als sie noch mit Theo befreundet war und noch nicht an Selbstmord und Tod gedacht hatte.

Wo man doch gerade vom Teufel sprach.

Theo lief in einiger Entfernung der Strasse entlang, die zur Schule führte. Sein Blick war gesenkt, er hörte Musik. An was er dachte, daran konnte er sich im Nachhinein nicht mehr erinnern. Vielleicht dachte er über sich nach, was er für Fehler gemacht hatte. Immerhin hatten seine Taten Folgen, die er lieber vermieden hätte. Nachdem er sich an jenem Abend besoffen und sich mit Drogen aller Art zugestopft hatte und er im Spital gelandet war, wo er von der Polizei verhört wurde, erhielt er, neben der Strafe, die er von seinen Eltern aufgebrummt bekommen hatte, eine weitere. Es hatte nicht lange gedauert, bis er einen Brief nach Hause geschickt bekommen hatte. Er wurde zu fünfzehn Stunden Sozialarbeit verurteilt. Allerdings wurde das Strafmass vermindert, da er dazu beigetragen hatte, einen lang gesuchten Drogendealer zu schnappen. Durch seine im Verhör gelieferten Antworten erhielt die Polizei Informationen über den Namen, Wohnort und Verbleib des Dealers. Er wurde in seiner Wohnung gefasst, wo seine Frau und seine zwei Kinder überrascht wurden. Jedenfalls hatte er keinen Bock, in einem Altersheim oder dergleichen zu schuften. Aber was blieb ihm anderes übrig? Auch nachdem er seine Strafe erhalten hatte, hatten seine Eltern kein Mitleid mit ihm. Seine Strafe, die ihn zu einem Jahr

Hausarrest verdonnerte, hatten sie nicht vermindert. Aufgehoben schon gar nicht.

Mit seiner neuen Freizeit machte er... ja, was machte er? Produktiv war er nicht. Soviel konnte er sagen. Er nahm sich mehr Zeit, um für die Schule zu lernen, jedenfalls spielte er das vor. Was er stattdessen machte, war Onlinegames auf dem Computer spielen, YouTube Videos schauen oder eine Folge nach der anderen auf Netflix konsumieren. Natürlich musste er immer bereit sein, so zu tun, als würde er lernen, wenn seine Eltern in sein Zimmer kämen, weshalb er immer ein Buch und einige Blätter mit Matheformeln auf dem Pult hatte.

Ansonsten machte er nicht wirklich etwas. Ab und zu zwang er sich zu einer Runde Sport. Doch das hielt er nicht lange durch und setzte sich schnell wieder vor seinen Computer.

Stattdessen ass er umso mehr, lernte aber, für sich selber eine Mahlzeit zu kochen. Dafür hatte er jedenfalls genügend Zeit und Motivation, da er es selber essen konnte.

Immerhin war die Beziehung zwischen ihm und seinen Eltern wieder einigermassen normal. Nicht, dass sie es vergessen oder ihm verziehen hatten, sie sprachen das Thema einfach nicht mehr an. Seine Eltern hofften, dass er durch die zwei Strafen etwas gelernt hatte.

Hatte er das?

Würde ein Serienmörder aufhören Leute umzubringen, sobald er einige Jahre hinter Gitter verbracht hatte, wenn er doch eine Obsession für was auch immer entwickelt hatte? Das Gleiche galt für ihn. Auch wenn er noch keine Menschen umgebracht hatte, hatte er doch eine Obsession entwickelt. Er hatte gefallen an diesen Partys, und vielleicht auch an den Drogen, gefunden. Es hatte ihm Spass gemacht und sollte sein einjähriger Hausarrest vorbei sein, würde er keine Minute zögern, wieder auf Partys zu gehen. Es war jedoch wahrscheinlicher, dass er sich in einer Nacht davonschlich und zu einer Party ging. Immerhin trug er keine elektronischen

Fussfesseln, die ihn verraten würden, sollte er sein Grundstück verlassen. Im Grunde genommen war es ihm also möglich. Oder war es besser, für sich selber und alleine zu feiern? Immerhin konnte er ab und zu seine Freunde einladen, wenn er wollte. Drogen in sein Haus einzuschmuggeln war nicht sonderlich schwierig.

Also eigentlich hatte er keinen Grund, betrübt zu sein.

Doch dann blickte er auf und sah Ellena zusammen mit... wie hiess die Neue noch gleich? Egal. Er blieb stehen und beobachtete sie, wie sie sich mit einer Umarmung begrüssten und nach einer kurzen Konversation ins Schulhaus liefen.

Plötzlich war nur noch sie in seinen Gedanken vorhanden, als hätte jemand einen Hebel umgelegt, der seine Gedankengänge verändert hätte.

Beim Anblick seiner ehemaligen Freundin wurde es ihm schwer ums Herz. Es war verrückt, wie lange man noch Gefühle für eine Person hatte, obwohl man schon lange abgewiesen worden war, obwohl man wusste, dass man keine Chance hatte. Andererseits fühlte er sich enorm schlecht, dass er nicht versucht hatte, ihre Freundschaft aufrecht zu erhalten und sie einfach hatte sterben lassen. Immerhin war es in seiner Hand, ob er zu ihr halten sollte oder nicht. Er hatte die Chance, für sie da zu sein und sie vor dem Mobbing zu retten. Er hätte sie schützen können.

Nur weil er ein Feigling war und nicht noch ein weiteres Mal gegen Leon ankämpfen wollte, hielt er sich zurück und liess ihn Ellena zerstören. So wie er es bei ihm gemacht hatte.

Ja, Leon war ein verdammtes Arschloch. Seine Nachricht, die er ihm sogar persönlich überbracht hatte, zwang ihn dazu, sich von ihr zu entfernen. Er war ein Hindernis für ihn, das ausgeschaltet werden musste. Hätte er also standgehalten, wäre er kein solches Angsthäschen gewesen, hätte er für sie da sein können. Jetzt würde er schon nur alles riskieren, was er hinter sich gebracht hatte, wenn er mit ihr schrieb.

Jetzt konnte er nur noch zusehen, wie sie gemobbt und innerlich zerstört wurde. Sie jetzt mit einem anderen Mädchen zu sehen, das sie glücklich zu machen und für sie da zu sein schien, beruhigte ihn ein bisschen. Jemand war für sie da. Es machte ihn nur traurig, dass es sich nicht um ihn handelte. Dann wachte er aus seinen Gedanken auf und lief mit einem schlechten Gewissen in die Schule, wo er versuchte, sich von Ellena fern zu halten.

Für Ellena war Theo schon lange als Freund gestrichen. Hilfe oder Zuneigung von seiner Seite erwartete sie nicht mehr. Jetzt hatte sie Emilia und sie war viel besser. Sie war für sie da, hörte ihr zu, gab ihr Ratschläge, sagte, was sie an ihrer Stelle tun würde. Sie gab ihr sogar Hoffnung, dass sich die ganze Situation beruhigen könnte. Ellena fing sogar wieder zu lächeln an.
Spätestens nach dem ersten Kontakt an diesem Tag mit Leon war es für sie sicher, dass sie sich verliebt hatte.
Sie waren im Klassenzimmer, sassen nebeneinander und schauten sich, Kopf an Kopf, Memes an. Beide hatten den gleichen schrägen Humor, den gleichen Geschmack. Ellena traute sich nicht zuzugeben, dass sie die Nähe zu ihr genoss und schätzte. Sie waren sich so nahe, dass sie ihren nach Kaugummi riechenden Atem roch, ihren Herzschlag hörte, wenn es im Klassenzimmer ganz ruhig war. Sie fühlte sich leicht. Vielleicht lag es an den vielen Schmetterlingen im Bauch?
In diesem Moment war alles gut, nicht perfekt, aber schon nahe dran. Emilia schien sie so zu akzeptieren, wie sie nun mal war, und stand vollkommen hinter ihr. Ellena war sich zu Beginn nicht zu hundert Prozent sicher, ob sie es ernst meinte oder ob es doch nur ein Hoffnungsgedanke war. Aber es hatte nicht viel gebraucht, um sich davon überzeugen zu lassen, dass sie es ernst meinte. Emilia würde auch in schwierigen

Situationen zu ihr stehen, davon war sie mittlerweile überzeugt, das spürte sie.

Der erste Beweis ihrer Treue folgte nach Beginn der Stunde. Leon und seine Bande kamen wie immer einige Minuten zu spät zum Unterricht. «Guten Tag. Würdet ihr mir bitte erklären, wieso ihr zu spät seid»? Ihre Lehrerin, Frau Heimlich, unterbrach ihren bereits angefangenen Monolog und blickte die hereinkommenden Schüler kritisch und fragend an. «Tut mir leid. Wird nicht wieder vorkommen», entschuldigten sie sich. Leider wusste jeder, auch die Lehrerin, dass sie es nie einhalten werden würden. Sie setzten sich hin.

Währenddessen flüsterte Leon mit aufgeplusterter Brust: «Ich musste nur noch das Video anschauen, in dem ich die Lesbe geschlagen habe». Was er gesagt hatte, war nicht lustig. Nicht mal ansatzweise. Doch seine Freunde und einige Schulkameraden lachten. Frau Heimlich stand da und bat um Ruhe.

Dann meldete sich Emilia.

«Komisch. Wie tief muss man sinken, um eine Frau zu schlagen. Hast wohl keine Eier, dich mit einem anderen Typen zu prügeln».

Die ganze Klasse hörte es. Dann folgte Stille.

Einige Schulkameraden hatten ihren Mund zu einem lautlosen «Oh» geöffnet und schauten schüchtern zu Leon, der in seiner Bewegung innehielt und mit einem angsteinflössenden Todesblick zu Emilia schaute. Ellena wandte den Blick ab. Nicht weil sie Angst hatte oder sich einschüchtern liess, sondern weil sie zu lachen anfing. Sein Blick war einfach zu lustig. Man hätte ein Foto davon machen müssen, damit sie zum Einschlafen etwas Lustiges vor sich gehabt hätte. Sie hielt sich die Nase mit ihren Fingern zu, biss sich sogar auf die Backen, um sich in den Griff zu kriegen. Sie hätte niemals so reagiert. Sie hätte niemals über so eine Reaktion lachen können, wie sie es in diesem Moment tat, wenn Emilia nicht neben ihr sässe. Ellena bewunderte ihren ausserordentlichen Mut und ihr

Versprechen, zu ihr zu halten. Denn das war es, was gerade passiert war: Emilia hatte zu ihr gehalten.

Sie schauten sich in die Augen und prusteten los. Emilias Lachen war ansteckend. Es war die Art des Lachens, die lustiger war als der eigentliche Witz, das Lachen, das jeder, der es hörte, fröhlich stimmte. Sie mussten so viel lachen, dass sie sogar von der Lehrerin ermahnt wurden. Gebracht hatte es nicht viel. Sie lachten nur leiser.

Ellenas Herz schmolz dahin.

Natürlich fand es Leon nicht lustig, dass man über ihn lachte, als wäre er ein Clown. Sein Blick hätte jeden in diesem Raum töten können, so böse schaute er. Doch er blieb still. Dass jemand sich gegen ihn stellen würde, hatte er wohl nicht erwartet. Aber es war befriedigend zu sehen, wie er tatenlos zusehen musste, wie sie sich freuten und wie sie über ihn lachten. Sie hatte nicht die Macht, alles zurückzuzahlen, was er ihr die letzten Tage angetan hatte, sie wollte es auch nicht, aber dieser Augenblick war heilend. Emilia war heilend. Komischerweise bekam sie wieder Freude an der Schule, was alleine nur Emilia zu verdanken war. Jedes Mal intervenierte sie, wenn Leon, Liam, Noel oder Salomée sich negativ äusserten und eine fiese Bemerkung machten. Sie hatten keinen Stich mehr. Entweder prallten die Beleidigungen an ihr ab, weil Emilia ihr zusprach, dass sie nicht darauf hören solle, dass sie viel besser sei, oder weil sie einfach ihren eigenen Spass daraus machte und die Beleidigungen konterte, sodass Leon oftmals einfach blöd dastand und sich sprachlos zurückziehen musste. Er hatte nicht mit der Schlagfertigkeit Emilias gerechnet.

Über den Mittag und während den Lektionen am Nachmittag war es still um ihn. Er hielt sich mit Sprüchen zurück.

Die Schule verliessen sie gemeinsam. Mit Emilia zu sprechen war unterhaltsamer als alle Serien auf Netflix, die sie bisher geschaut hatte. Sie erzählte über erlebte Abenteuer, über Erlebnisse aller Art, von denen Ellena nur träumen konnte, und sie lachten. Sie hatte auch viel mit Theo lachen und sich mit ihm amüsieren können. Aber was sie mit ihr erlebte, war ein anderes Kaliber.

Sie hatte das Gefühl, als würden sie sich schon seit Ewigkeiten kennen. Als wären sie verlorene Geschwister.

«Ehrlich. Ich weiss nicht, wo du solche Sachen erlebst. Mein Leben ist langweilig dagegen», sagte Ellena, nachdem sie eine Geschichte über Emilias grossen Bruder gehört hatte.

«Er war aber auch tollpatschig. Und ich war dumm genug zu helfen». Sie grinste.

«Oh, nein. Leon wartet da». Ellena deutete mit dem Kopf zum Fussballfeld, wo sich Leon mit seiner Bande unterhielt. Ob sie gewartet hatten oder nicht, war dahingestellt. Jedenfalls starrten sie alle mit einem Blick zu ihnen, der nur Hass und Abscheu vermittelte.

«Gehen wir». Emilia zog sie an der Hand und gemeinsam liefen sie in die entgegengesetzte Richtung. Hand in Hand.

Ellenas Herz pochte nervös.

«Okay. Jetzt muss ich trotzdem etwas klarstellen», begann Emilia. Sie liess ihre Hand los und drehte sich zu ihr um. «Wieso hasst er dich so»?

Ellena hatte einen halben Herzinfarkt, als sie sagte, dass sie etwas klarstellen müsse. Sie dachte, Emilia würde ihr klarmachen, dass sie nicht homosexuell war und sie sich keine Hoffnungen machen sollte.

«Ist alles in Ordnung»? Sie war stehen geblieben. «Oh, jaja. Ich weiss auch nicht, warum. Er ist einfach ein Arsch».

Dass sie keine Antwort auf diese Frage fand, machte sie depressiv. Auch wenn es mit der Wahrheit über ihre Sexualität angefangen hatte, war es nicht mehr einfach nur dabei geblieben. Etwas anderes stand zwischen ihr und Leon, das er nicht ausstehen konnte. Die Unwissenheit machte sie innerlich fertig. Natürlich konnte man nicht jeder Person gefallen, aber hätte sie das Wissen, wieso er sie hasste, dann hätte sie vielleicht die Chance, sich zu ändern oder dieses Problem aus

der Welt zu schaffen. Vielleicht hätte sie die Möglichkeit,
Frieden zu schliessen.

Sie hatte oft nachgedacht, wieso er sie mobbte. Zwischen
ihnen war nie eine wirklich gute Beziehung gewesen, wenn
man dem so sagen konnte, jedoch hatte er nie wirklich unfair
reagiert. Dass er ihre Homosexualität als Vorwand gebrauchte,
war wahrscheinlich. Aber die Fragen, die sie sich stellte,
wurden dadurch nicht beantwortet. Es war mehr dahinter.

«Ich weiss auch nicht. Ich weiss es einfach nicht». Ellena
schluchzte. Ihre Augen wurden feucht.

Die Ungewissheit und die Hilflosigkeit zerrten an ihren Nerven.
Hätte sie doch nur die Fähigkeit, sich zu ändern. Sie könnte sich
vom Hass, den sie von Leon bekam, lösen, und die Familie
wieder zusammenbringen. Aber dazu war sie einfach nicht in
der Lage.

«Ich glaube, du brauchst eine Dosis Zuversicht. Komm, ich lad
dich auf einen Kaffee ein».

Die Tasse wärmte ihre Hände. Ein dezenter Geruch nach Kaffee
und Schokolade hing in der Luft. Das Restaurant war
altmodisch eingerichtet, was dem Ganzen einen gewissen
Charme verlieh.

Ellena und Emilia sassen sich gegenüber, beide die Hände am
heissen Getränk wärmend. Zuerst war es still. Dann sprachen
sie mehrere Stunden lang und bestellten währenddessen
mehrere Tassen Kaffee. Emilia war eine interessante
Persönlichkeit und hatte einige Ratschläge auf Lager, die für
Ellena hilfreich waren. Sie war auch tröstend, wenn Ellena zu
weinen anfing, weil sie mit ihrem Leben gerade nicht klar kam.
Gemeinsam hatten sie sogar einen Plan ausgeheckt, was sie
machen sollte, wenn sie in ihrer Familie nicht mehr erwünscht
war.

«Ich weiss einfach nicht, was aus mir werden soll». Ellena
fühlte sich bei ihr sicher, weshalb sie so offen über ihre Gefühle
sprechen konnte.

«Wie meinst du das»? Sie zuckte mit den Schultern. «Naja, ich war nur so viel davon entfernt, mich zu ermorden». Sie hielt ihren Daumen und Zeigefinger vor ihrem Gesicht. Nur noch ein Haar hätte dazwischen gepasst.

«Sorry, wenn ich so rücksichtslos antworte, aber wieso hast du es nicht gemacht»?

Wieder zuckte sie die Schultern. «Ich war wahrscheinlich nicht mutig genug». Das stimmte natürlich nicht. Der wahre Grund, wieso Ellena sich nicht umgebracht hatte, sass ihr gegenüber. Das wollte sie ihr aber nicht erzählen. Wie würde sie sich verhalten? Natürlich wusste sie von ihrer Sexualität, wie hätte man das auch überhören können, nach allem, was in der Schule vorgefallen war, aber das machte es nicht leichter, ihre Gefühle zu gestehen. Vielleicht würde sie sich von ihr abwenden, weil sie die Liebe nicht erwidern konnte. Oder sie würde Abstand suchen, um die Gefühle für sie abzuschwächen.

«Da bin ich froh», antwortete Emilia lächelnd. Sie war wirklich froh darüber. Sie wollte anfügen, dass sie beim nächsten Mal wieder ein Weichei sein sollte, doch das fand sie dann wirklich zu unangebracht. Was Ellena in den letzten Tagen durchgemacht hatte, war wirklich schlimm und sie hatte etwas Besseres verdient. Jeder hätte etwas Besseres verdient. Sie kannten sich noch nicht lange, doch was sie durch das lange Gespräch herausgefunden hatte, erklärte so einiges.
Dadurch, dass auch sie schon einmal gemobbt wurde, litt ihr Selbstvertrauen drastisch. Das hatte sie selbst zugegeben, als sie über ihre Vergangenheit gesprochen hatten. Leider hatte sie nicht die Möglichkeit, ihr Selbstvertrauen soweit auszubauen, dass sie auf starken Füssen stehen konnte. Sie war wacklig und drohte immer wieder einzustürzen. Doch nach aussen gab sie sich stark.
Ellena war wie ein Tisch oder ein Stuhl, bei dem ein Bein angesägt wurde. Es war noch stabil, solange keine Kraft ausgeübt wurde. Auch sah es standhaft aus. Aber wenn sich

jemand draufsetzte oder eine Hauptspeise serviert wurde, war die Chance gross, dass das Bein nachgab und das ganze Konstrukt einstürzte.

Das Gleiche passierte mit ihr, nur dass die Folgen verheerender waren. Immerhin stürzte ein Mensch in sich zusammen, zerdrückt von einem Gewicht, das sich niemand vorstellen konnte.

Es brauchte Kraft, sich umbringen zu können. Aber es war umso schwerer, von diesem Gedanken loszukommen, wenn dieser die Seele schon angegriffen hatte. Die Hoffnung auf ein besseres Leben nach dem Tod zu ertragen, war eine Herkulesaufgabe, wenn das Diesseits nicht mehr lebenswert war.

Jedenfalls sprachen sie lange und herzhaft und kamen schlussendlich zu einem fröhlicheren Thema, das nicht Selbstmord, Leon oder schlechte Eltern beinhaltete.

«… und dann mussten wir die Feuerwehr rufen, weil ich nicht mehr aus dem Loch kam». Beide lachten, nachdem Emilia eine kuriose Geschichte aus ihrer Kindheit erzählt hatte. Es heiterte sie beide auf, und Ellena konnte den Moment einfach nur geniessen.

«Ich…», begannen beide gleichzeitig. Sie lächelten beide. «Sag du». Ellena tat wie geheissen. Ob es der richtige Augenblick war, um ihre Gefühle für sie anzusprechen?

«Ich… ich weiss nicht, wie ich es sagen soll. Du bist die einzige Person, die zu mir steht. Du heiterst mich auf, machst mich glücklich». Sie spielte nervös mit ihrem Pullover. «Ich… ich… ich». Sie wusste nicht weiter. Plötzlich war ihr Tatendrang verschwunden, als hätte sie erst jetzt darüber nachgedacht, was sie vorhatte. Ihre Liebe zu gestehen, war vielleicht wirklich nicht das Beste. Doch es kam anders.

Emilia griff nach ihren zittrigen Händen und hielt sie fest. Ein Blick in ihren Augen und Ellena wurde sofort ruhig.

Das Gefühl verstärkte sich in ihrer Brust. Es war wie Angst, die ihren Körper füllte. Es war wie Tränen, die plötzlich unaufhaltsam waren. Aber anders als Angst und Tränen war das Gefühl beflügelnd, nicht bedrückend, leuchtend, nicht düster. Sie hatte dieses Gefühl noch nicht oft erleben dürfen. Für Liebe war sie zu schüchtern gewesen. Doch seit sie Emilia kannte, war es fast ständig präsent und jetzt war es so stark wie noch nie. Es war, als könne sie nur mit diesem Gefühl überleben.

«Ich glaube…», begann Emilia leise, «wir wollen das Gleiche sagen». Sie lächelte über beide Backen. Ihre perfekt weissen Zähne strahlten.

Sie erhob sich und lehnte sich über den Tisch.

Dann war er da. Ihre Lippen berührten sich. Sie waren weich und warm, lieblich und sanft. Ellena war davon mehr als überrascht. Das hatte sie nicht erwartet. Aber sie war umso glücklicher darüber, dass es passierte. Sie hielt ihre Augen geschlossen und genoss einfach den Moment.

Alles war perfekt.

Die Zeit schien währenddessen langsamer zu vergehen. Nein, die Zeit war stehen geblieben. Alles war still, um sie herum war nichts mehr. Nur noch Emilia war da.

Ellena sass nur mit einem offenen Mund da, als Emilia sich wieder zurücklehnte.

«Wooow», machte sie nur. «Du bist… du… du»?

Ihr Herz sprang fast aus ihrer Brust. Emilia nickte.

«Ich dachte nicht, dass du auf Frauen stehst. Ich habe es natürlich gehofft, aber…». Sie hielten Händchen.

«Ich liebe dich, Ellena».

Sie gingen, als die Uhren Acht schlugen. Die Nacht hatte schon seit langem angefangen und eine eisige Kälte hatte sich ausgebreitet. Sterne waren am wolkenlosen Himmel zu sehen. Die Strassen waren leer. Nur noch vereinzelt liefen einige Menschen über die Strassen, verschwanden aber schnell wieder im Schatten und in die Wärme der Häuser.

Sie hielten weiterhin Händchen und liefen nahe beieinander. Jetzt, nachdem sie sich endlich ihre Liebe gestanden hatten, wollten sie sich nicht mehr trennen, sie wollten nahe beieinander sein.

Draussen sprachen sie nicht viel. Es gab auch keine Worte, die diesen Moment hätte perfektionieren können. Alles war einfach... einfach perfekt.

Als sie die Strasse erreichten, in die Ellena abbiegen musste, blieben sie stehen und schauten sich in die Augen. «Ich will nicht, dass du gehst», flüsterte Emilia.

Sie küssten sich.

«Danke, für den Abend», sagte Ellena. «Ich liebe dich».

Schliesslich verabschiedeten sie sich mit einer langen Umarmung und einem herzhaften Kuss und gingen schliesslich verschiedenen Weges nach Hause.

Überraschenderweise waren ihre Eltern zu Hause. Beide. Ohne jegliche fremde Begleitung. Sie trat ein und versuchte keinen Lärm zu machen. Sie hatte immer noch keine Lust, sich mit ihren Eltern zu unterhalten, die sie abgestossen und als Schwuchtel bezeichnet hatten. Doch die Konfrontation schien unausweichlich.

«Ellena? Komm her», ertönte die harsche Stimme ihrer Mutter aus dem Wohnzimmer. Sie verdrehte die Augen und ging langsam und mit einem Blick, der sagen wollte, «ich habe keinen Bock auf euch», zu ihren wartenden Eltern. Sie sassen auf dem Sofa, beide so weit wie möglich voneinander entfernt. Auf dem Glastisch inmitten des Raumes waren einige Blätter Papier. «Antrag auf Scheidung» stand mit Fettbuchstaben geschrieben.

«Was gibt's»?

Sie schauten sich untereinander an, als würden sie darauf warten, dass ihr jeweiliges Gegenüber das Wort ergreifen würde. Ihre Mutter war es schliesslich, die mit einem genervten Unterton anfing.

«Wir haben beschlossen, uns scheiden zu lassen. Unsere Wege führen nicht in die selbe Richtung».

Dann war es still, doch es schien nicht alles gewesen zu sein.

«Und?», drängelte Ellena deshalb.

«Wir müssen nur noch entscheiden, bei wem du wohnen willst. Das hast du zu entscheiden».

Ellena schnaubte. Hatte sie das zu entscheiden? Sie glaubte eher, dass sie wählen dürfe, nicht aufgrund von Nettigkeit, sondern weil beide sie nicht haben wollten. Wer wollte schon ein Kind aus einer vorherigen Ehe in eine neue Beziehung mitnehmen? Ihre Eltern anscheinend nicht. Eine homosexuelle Tochter, die gemobbt wurde, kam überhaupt nicht in Frage. Sie hätten sie sicherlich lieber in ein Waisenhaus gesteckt und einfach vergessen, wie es eiskalte Monster getan hätten. Naja, waren sie es nicht?

Wieder einmal stand sie ihnen im Weg.

«Wollt ihr nicht noch versuchen, eure Beziehung zu retten?», fragte sie stattdessen.

«Nein», antworteten sie gleichzeitig. «Wir wollen diese… Beziehung nicht mehr».

Wie primitiv ihr Durchhaltevermögen war.

«Darf ich es lesen»? Ellena deutete auf die Scheidungspapiere.

Ihre Eltern nickten.

Sie setzte sich zwischen ihnen auf das Sofa und schnappte sich die Unterlagen.

Ihre Mutter entfernte sich von ihr, als wäre sie mit einer tödlichen Krankheit infiziert, die höchst übertragbar war.

«Das ist jetzt nicht dein Ernst, oder?», sagte Ellena. Die Bewegung entging ihr nicht. Ihre plötzlich aufgestiegene Wut liess ihre Haut heiss werden. «Kapiert ihr immer noch nicht, dass ich immer noch die gleiche Person bin, die ihr aufgezogen habt? Nur weil ich auf Frauen stehe, heisst das nicht, dass ich es nicht mehr wert bin, geliebt zu werden». Sie wiederholte die gleichen Worte, die Emilia ihr während ihrem Gespräch eingeprägt hatte. Ohne sie würde sie jetzt nicht so über sich selbst sprechen.

«Was ihr hier gerade macht, wie ihr mich gerade behandelt, ist... ich finde nicht einmal die richtigen Worte dafür. Es ist homophob und einfach nur minderwertig». Ihre Stimme wurde immer lauter. «Na los, worauf wartet ihr? Zerstört unsere Familie, steckt mich in ein Waisenhaus und erzählt jedem, ich sei eine Schwuchtel. Und wenn schon. Wahrscheinlich ist jede Familie besser, als ihr es seid».

Dann schaltete sich ihr Vater ein.

«So sprichst du nicht mit uns. Wärst du nicht geboren, wären wir nie in solch eine peinliche Lage gekommen. Wir hätten keine so behinderte Tochter, die wir aufziehen mussten. Wir müssten uns nicht für dich schämen, dass du Unzucht mit anderen Frauen treiben willst. Wärst du nicht geboren worden, hätten wir ein schönes Leben haben können, aber nein. Das Schicksal musste uns ja in den Arsch treten und uns eine Schwuchtel vor die Nase werfen». Seine Stimme war laut, sein Blick war böse.

Ellena zuckte zusammen. Was hatte das nur für einen Sinn? Ihre Eltern waren homophobe Arschlöcher, die in dieser Welt nichts zu suchen hatten. Wieso musste sie nur genau in diese Familie geboren werden? Ja, ihr Vater hatte recht. Das Schicksal hatte ihnen wirklich in den Arsch getreten.

«Unterschreibt das verdammte Blatt und verpisst euch aus meinem Leben», schrie Ellena und ging dann mit stampfenden Schritten davon. Verdutzt schauten ihre Eltern ihr hinterher.

«Du nimmst sie». «Vergiss es, du nimmst sie». «Du warst ein schlechter Vater bisher, also ist es deine Pflicht, sie zu behalten.» «Aber ich will sie nicht. Was will ich mit einer Schwuchtel anfangen»?

Zum Glück musste sie sich den Streit ihrer Eltern nicht mit anhören. Sie war schon längst aus dem Haus gerannt.

## 9)

Ellena und Emilia hatten abgemacht, ihre Beziehung geheim zu halten. Vorerst jedenfalls. Jetzt, mit all den Problemen, die Ellena hatte, wäre es keine gute Idee gewesen. Positive Auswirkungen hätte es sicherlich nicht gegeben, davon waren sie überzeugt.

Natürlich war es nicht möglich, ihre zwischenmenschliche Anziehung zu verbergen, weshalb die Schule schnell von Gerüchten überflutet wurde. Ob sie beobachtet wurden oder ob jemand ihre Freundschaft richtig interpretierte, das wussten sie nicht.

Sie hätten in der Schule herumgevögelt, hätten einen Dreier mit einer alten Frau gehabt. Weitere absurdere Behauptungen tauchten auf. Natürlich entsprachen einige der Wahrheit, wie zum Beispiel, dass sie sich geküsst hatten, aber die Mehrheit war nur aus der Luft gegriffen und totaler Schwachsinn. Leon und seine Bande hatten sich sofort auf diese falschen Anschuldigungen gestürzt oder sogar selber welche erfunden. Letzteres entsprach der Wahrheit. Vor allem jetzt, da Ellena sich an jemanden festhalten konnte, war es gefundenes Fressen für diejenigen, die nach Aufmerksamkeit suchten und glaubten, sich behaupten zu müssen.

Komischerweise waren nie irgendwelche Behauptungen aufgetaucht, als sie noch mit Theo befreundet gewesen war. War ihre Freundschaft nicht gut genug gewesen? Aber davon liess sie sich nicht ablenken. Ihre gemeinsamen Zeiten waren vorbei.

Jedenfalls waren seit ihrem ersten Kuss einige Tage vergangen. Die Schulwoche war vorbei und das langersehnte Wochenende hatte begonnen.

Es war Sonntag. Ellena und Emilia sassen nebeneinander im Zug. Sie hatten einen kleinen Ausflug unternommen.

Ellena hätte eigentlich nur zu Hause bleiben und die ruhige Zeit geniessen wollen, wo doch ihre Eltern nicht mehr im Haus waren. Das würde sich nicht verändern, bis sie die Scheidung hinter sich hatten, was noch viel Zeit in Anspruch nehmen würde. Dennoch war sie nicht erpicht darauf, ihr ruhiges und sicheres Umfeld zu verlassen. Doch Emilia war sehr überzeugend gewesen.

Es war ein perfekter Tag gewesen. Gemeinsam waren sie in Museen gegangen, hatten sich Kirchen angeschaut und sich die Beine vertreten. Sie hatten geredet, gelacht und es einfach nur genossen. Dieser Tag machte die vergangene Woche und die Aussichten auf die weitere Schulzeit erträglicher. Ein bisschen. Für Ellena war es der Beweis dafür, dass sie es noch wert war, geliebt zu werden, dass es noch einen Sinn gab, auf dieser Welt zu verweilen. Immerhin hatte sie in den letzten Tagen nichts mehr gehabt, für das es sich lohnen würde, sich durch das harte Leben zu kämpfen. Als sie klein war, hatte sie sich auf die Zukunft gefreut, weil es ein Mysterium war, das es zu lösen und zu entdecken galt. Die Zukunft war ungewiss und das Einzige, was sie aktiv und mit dem eigenen Verständnis eines guten Lebens gestalten konnte. Natürlich galt das immer noch, leider wurden ihr der Spass und der Ehrgeiz dafür genommen. Sie wollte einfach ihre Familie und die Situation in der Schule vergessen.

Während ihre Eltern sich schwach verhielten und sich nicht um Ellena kümmerten, war Emilia das komplette Gegenteil. Sie war stark, setzte sich unermüdlich für sie ein, ohne sich um ihre Gesundheit oder die dadurch verursachten Folgen zu kümmern. Mutig war sie, fast schon ein bisschen halsbrecherisch. Ohne Emilia wäre sie nicht mehr in der Verfassung, Entscheidungen zu treffen, weil sie sich schon längst umgebracht hätte.

Natürlich hatte sich das Mobbing nicht zugunsten von Ellena verändert, nur weil sie jetzt jemand an ihrer Seite hatte. Im Gegenteil: Es wurde noch schlimmer. Sie war öfters am Weinen, hatte öfters Nervenzusammenbrüche und hatte immer wieder den Gedanken, sich umbringen zu wollen. Oder zumindest sich zu fragen, wieso sie noch auf der Welt war. Wie wichtig Emilias Rolle da war, wusste sie für eine lange Zeit nicht.

Sie war eine Stütze in dieser schweren Zeit. Sie war eine Sicherheit, wenn Ellena sich hilflos fühlte und nicht mehr weiterwusste. Es war immer Emilia gewesen, die sie wieder auf festen Boden brachte und ihr Hoffnung zusprach.

Doch was am wichtigsten war? Sie war da.

Nichts schien wichtiger zu sein, als ihre Anwesenheit, die Sicherheit, jemanden an ihrer Seite zu haben, die sich für sie einsetzte und… einfach nur für sie da war. Dieser kleine, aber wichtige Einfluss war nie zu unterschätzen. Kleine Taten wirkten Wunder.

Wäre Emilia ihr nicht zu Hilfe gekommen, als sie von Leon geschlagen oder von ihm gehänselt worden war, sie hätte das Gewicht, das ihre von Leon und seiner Bande herbeigeführten Gedanken verursachten, nicht tragen können.

Sie war zu schwach, scheisse und minderwertig, eine Schwuchtel. Was Gedanken für eine Überzeugungskraft hatten, wenn man ihnen nur genügend Platz liess, um den Körper zu vergiften, war angsteinflössend.

Natürlich hatte Ellena darüber nachgedacht, erwachsene Hilfe zu suchen. Ihre immer grösser werdende Angst vor Leon und die stärker werdenden negativen Gedanken hielten sie davon ab. Lehrer waren dafür da, den Schülern zu helfen und sie durch eine schwierige Zeit zu bringen, das stand ausser Frage. Aber in der Schule hätte sich nicht viel ändern können. Die Lehrer hätten sie vielleicht an eine andere Schule geschickt oder die Klasse wechseln lassen. Eine direkte Konfrontation mit Leon hätte alles nur noch verschlimmert. Sie wäre nicht nur als Schwuchtel, sondern auch als Petze abgestempelt worden, was alles nur noch schlimmer gemacht hätte. Aber was hätten sie gegen Leon ausrichten können, das ihn auch ausserhalb der

Schule davon abgehalten hätte, sie zu belästigen? Nichts. Leon war kein solcher Mensch, der auf Erwachsene hörte.

Vielleicht wartete sie auch auf Hilfe, hatte aber Angst, nach ihr zu fragen.

Ausserdem war sie nicht in der Lage, Erwachsenen zu vertrauen. Ihre Eltern waren das perfekte Beispiel von nicht vertrauenswürdigen und unzuverlässigen Volljährigen.

Ellena war also, trotz der Tatsache, dass sie eine unglaublich nette Person an ihrer Seite hatte, die sie von ganzen Herzen liebte, noch nicht von den Selbstmordgedanken abgekommen. Sie hing immer noch an einem seidenen Faden, der jederzeit reissen und sie in einen dunklen Abgrund fallen lassen konnte.

«Alles in Ordnung»? Emilia schaute sie mit einem besorgten Blick an. «Du siehst verträumt aus». Sie nahm Ellenas Hand. «Jaja, alles ist in Ordnung».

Wie kann ich sie aufmuntern, fragte sich Emilia. Es war ihr klar, dass sich Ellena wieder um ihren Platz im Universum Gedanken machte und sie früher oder später in eine depressive Stimmung geriet. Sie kannten sich noch nicht so lange, um all die Unebenheiten an ihren Körpern, alle Ticks und Gewohnheiten ihrer Eigenschaften zu kennen, den Ablauf aber hatte sie schon oft miterlebt. Zuerst waren Fröhlichkeit und ein Lächeln zu sehen, dann Stille und zum Schluss gab es Tränen. Das einzige Gegenmittel war ein glückliches und ein aufmunterndes Gespräch. Aber worüber spricht man, wenn jedes Thema entweder bereits angesprochen worden war oder es die Sache nur noch verschlimmern würde?

«Hey, was hältst du von Frau Heimlich»? Ellena schaute auf. «Sie ist blöd», sagte sie nur mit einem schwachen Lächeln. Dann prusteten sie beide los. «Sie bemerkt nicht einmal, dass die ganze Klasse spickt. Oder wie man einen Anhang öffnet». Das war das Gute an Ellena. Sie war leicht abzulenken und hatte immer wieder die Kraft, ein Lächeln aufzusetzen, auch bei solchen langweiligen Themen. Vielleicht war sie eine gute

Schauspielerin und spielte das alles nur vor und war in Wahrheit innerlich vollkommen zerstört. Ihr Lachen hörte sich aber immer echt an. Es hatte auch eine Langzeitwirkung, das Lachen. Sie war nicht nur für eine kurze Zeit happy, sondern war es für einen längeren Zeitraum.

Egal, ob gespielt oder nicht. Emilia würde alles dafür tun, ihr Lachen zu hören. Sie würde alles auf sich nehmen, nur um sie glücklich zu machen. Sie würde alles hinter sich lassen, nur um mit ihr zusammen zu sein.

Schliesslich war die kurze Reise vorbei und sie fanden sich bei Ellena zu Hause wieder. «Ich habe so keinen Bock auf die Schule», beklagte sie sich, kaum hatten sie sich die Schuhe ausgezogen. «Das Wochenende ist noch nicht mal vorbei, und du beklagst dich schon wegen der Schule»?

«Es liegt halt in meiner Natur». Wieder lachten sie.

Sie kochten sich Spaghetti und schauten einen schmuddeligen Liebesfilm, den sie jedoch nicht wirklich mitverfolgten. Sie hatten nur noch Augen für sich.

Gemeinsam sassen sie auf der Couch und kuschelten sich aneinander. Ellena fühlte ihre Wärme an sich, ihre Haut, ihre Haare. Sie hörte ihren Herzschlag, wie er langsam schneller wurde. Sie spürte ihren Atem, der nach Pfefferminze roch. Sie roch auch ihr Parfum, das eine betörende Wirkung auf sie hatte. Es hatte Ähnlichkeiten mit einem Parfum, das hauptsächlich Jungs trugen. Süsslich und fein, leicht fruchtig und etwas Fremdes. Und doch war da ein Hauch von einem weiblichen Duft. Rosen, Lavendel und Pfirsich gemischt mit etwas Orangenblüten. Es war, als würde der Duft sie verzaubern und die Liebe zu Emilia nur noch verstärken. Es war nicht nur das Parfum. Es war Emilia selber, die die Liebe verstärkte. So nahe neben der Person zu sein, die man liebte, schien die Welt in Schwingungen zu bringen, während die Schmetterlinge im Bauch sich zu einem Windsturm verwandelten. Sie war einfach perfekt.

Sie küssten sich.

Plötzlich zuckte Emilia zusammen, als Ellena sich ihr näherte, sie in eine Umarmung ziehen wollte. «Alles in Ordnung? Mache ich dir weh?», fragte sie deshalb unsicher, ob sie etwas Falsches gemacht hatte.

Emilia schüttelte nur den Kopf, lächelte. «Es ist nur ein blauer Fleck. Ich bin auf der Treppe ausgerutscht».

Ellena lächelte und küsste sie erneut.

«Oh, Shit. Ich hätte schon vor einer halben Stunde zu Hause sein sollen». Emilia stand ruckartig auf und sammelte ihre Kleider ein. «Tut mir leid. Ich muss gehen. Bis morgen». Sie verabschiedeten sich mit einem Kuss. Emilia trat in die kalte Nachtluft hinaus und liess Ellena einsam und alleine zurück. Sie ging mit schnellen Schritten die Strasse entlang und sah nur noch das schwache Lächeln ihrer Freundin, als sie die Tür schloss und schliesslich verschwand.

«Oh, nein, nein, nein, nein». Leicht in Panik geratend lief sie die Strasse entlang. Fast rennend.

Sie hatte ihre jüngeren Geschwister vergessen.

Wie konnte das passieren? In diesen Moment hasste sie sich selber. Ihre zwei Geschwister waren noch nicht in der Lage, auf sich selber aufzupassen, und brauchten deshalb eine Babysitterin oder eine grosse Schwester. Da sie aber kein Geld hatten, sich ein Kindermädchen zu leisten, musste sie ihre Zeit opfern. Es war hauptsächlich sie, weil ihre zwei älteren Geschwister nicht zur Verfügung standen.

Sie lief durch die Stadt, bis sie das Armenviertel erreichte. Die Häuser waren kahle Betonblöcke, umgeben von Parkplätzen und Müll. In manchen dreckigen Gassen hausten obdachlose Menschen oder irgendein Verbrechen wurde dort verübt. Es war die gefährlichste Gegend der Stadt und in genau diesem Loch mussten sie eine Wohnung gefunden haben. Obwohl die vorherigen Wohnungen in keiner besseren Gegend gewesen war, sie konnte sich nie daran gewöhnen, dass an jeder Ecke mindestens eine kriminelle Tat verübt worden war. Es war so eine schlimme Gegend, dass ihre Nachbarn Mörder hätten sein können.

Das war nur ein Grund, wieso sie Ellena nie erzählt hatte, wo sie wohnte und wieso sie immer nur bei ihr waren. Ihr Beschützerinstinkt hatte sich schon nach dem ersten Schultag eingeschaltet, als sie sich das erste Mal trafen. Sie würde es nicht über sich bringen, Ellena zu sich nach Hause zu bringen. Was für Gefahren hier lauerten, dem wollte sie sie nicht aussetzen. Ganz zu schweigen von ihrer Familie. Ellena dachte, ihre Eltern seien schlimm und keine guten Vorbildpersonen. Doch sie hatte keine Ahnung, dass sie sich glücklich schätzen konnte. Denn schlimmer ging es immer. Bei all den Gesprächen, die sie mit Ellena führte, ging es um Ellena und was für Probleme sie hatte. Doch sie wusste nicht, dass Emilia sich in keinem besseren Zustand befand. Sie lief über den Parkplatz, der mit uralten und verrosteten Autos überfüllt war, Autos, die nicht einmal eine Klimaanlage hatten. Vor ihr erhob sich ein mit rötlichen Backsteinen gebautes und hässliches Gebäude. Viele der Wohnungen waren erleuchtet, aber genauso viele waren dunkel und unbewohnt. Die Wände waren mit Graffiti übersät. Unleserliche Sprüche und Abbilder von gewissen Körperteilen waren zu sehen.

Ihr gefiel das Gebäude nicht, ebenso verabscheute sie ihre neue Wohnung, in der noch alles in Karton eingepackt war von dem noch nicht lange zurückliegenden Umzug. Wahrscheinlich würde sie nicht die Zeit haben, ihre Wohnung richtig einrichten zu können, obwohl sie nicht viel Besitz hatten. Es war wahrscheinlicher, dass sie ein weiteres Mal umziehen mussten. Ihre gesamte Kindheit war... eigentlich keine wirkliche Kindheit, nicht so, wie sie es sich vorstellte. Sie waren im Durchschnitt etwa nur sechs Monate an einem Ort. Der Rekord betrug ein Jahr und einen Monat. Gründe dafür waren verschiedene. Durch das viele Umziehen hatte sie nie wirklich die Chance, gute Freunde und Freundinnen zu finden. Natürlich hatte sie in der jeweiligen Schule Personen gefunden, mit denen sie sich gut verstand. Sobald sich langsam eine Freundschaft entwickelte, zogen sie um und der Kontakt konnte nicht gehalten werden. Ihrem Bruder und ihrer Schwester erging es nicht besser. Es wäre aber nur halb so schlimm gewesen, wenn sie sich unter der Familie gut verstanden hätten. Doch das war wohl zu viel verlangt.

Ihre spätere Kindheit war also keineswegs schön oder von wunderbaren Erinnerungen geprägt. Eher das Gegenteil war der Fall.

Jedenfalls holte sie ihren Schlüssel aus der Hosentasche und öffnete die Eingangtür. Mit zwei Stufen auf einmal nehmend lief sie in den zweiten Stock, wo sie leise in ihre Wohnung ging. Geschrei kam ihr entgegen.

«Wo zum Teufel warst du?», ertönte gleichzeitig eine wütende Stimme. Ein junger Mann tauchte vor ihr auf, einen kleinen Jungen tragend. «Tut mir leid, Nico. Ich habe die Zeit vergessen».

«Übernimm gefälligst etwas mehr Verantwortung», schimpfte ihr Halbbruder. Er kam auf sie zu und drückte den weinenden Jungen in ihre Armen. «Das ist jetzt dein Problem».

«Bitte, erzähl Dad nicht, dass ich zu spät war. Bitte». Er nickte als Antwort. Dann öffnete er die Tür und war verschwunden.

Sie hatte zwei Halbgeschwister, die beide älter und bereits ausgezogen waren. Es waren Egoisten. Beide hatten sich eine Wohnung gesucht, sobald sie volljährig waren, und Emilia so alleine gelassen. Nur selten kamen sie zu Besuch. Aber konnte man das ihnen übelnehmen? Mit solch einer Familie?

Sie war ein Mittelkind. Ihre zwei jüngeren Geschwister waren noch Windelträger und brauchten deshalb fast ständig jemanden. Da ihre grösseren Geschwister nicht mehr in der Nähe wohnten und ihre Eltern eigene Probleme hatten und nicht für sie sorgen konnten, war es ihre Aufgabe, sich um sie zu kümmern.

«Hast du Hunger?», fragte sie mit einer kindlichen Stimme. Sie versuchte den immer noch schreienden Milo zu beruhigen, doch weder Brei, noch Musik, noch ein Schnuller konnten ihn besänftigen. Sein Gebrüll war nervenzerreissend.

«Komm schon, hör auf zu schreien».

Dann wachte Fabio auf, ihr zweiter, kleiner Bruder, und begann ebenfalls lauthals zu kreischen.

«Ruhig, ruhig», sagte sie, eher zu sich selbst, als zu ihren Brüdern. Denn es war nicht das erste Mal, dass sie nicht aufhören wollten zu brüllen, egal was man machte. Das zerrte wirklich an ihren Nerven.

Emilia hatte einen starken Beschützerinstinkt. Die ständig schreienden Babys machten ihr zu schaffen, weil sie nicht wusste, wie sie zu beruhigen waren, ob mit ihnen etwas nicht stimmte. Hilflosigkeit war etwas Schlimmes.

Doch die grösste Angst lag nicht darin, ihre Brüder nicht beruhigen zu können oder sie durch ihre Unfähigkeit zu verletzen. Sie hatte eher Angst um ihre Eltern.

Emilia hörte ein entferntes Brummen. Ein alter Trabant schepperte über den Parkplatz und fuhr zum letzten freien Platz.

Ihr Vater kam von seiner Wochenendschicht zurück.

«Oh, nein. Seid still. Bitte. Dad kommt nach Hause». Doch es war zu spät.

Kurze Zeit später wurde die Tür aufgerissen und ihr Vater trat herein, gefolgt von ihrer Mutter. «Was soll das Gebrüll? Kannst du nicht mal für deine Brüder sorgen?», brüllte er, kaum war er in der Wohnung. Seine Anwesenheit schien die Atmosphäre zu verändern und das Zimmer zu füllen. «Tut mir leid, Dad. Ich glaube, die letzten Milchzähne kommen», antwortete sie schüchtern. Ihre Stimme zitterte schwach. Sie brachte Milo und Fabio in ihr Bett, wo sie erneut alles versuchte, um sie zu beruhigen. Schliesslich verebbte das Geschrei langsam und sie fielen in einen unruhigen Schlaf.

«Komm her», ertönte die tiefe Stimme des Vaters. Milo
bewegte sich im Schlaf.

Emilia verliess das Kinderschlafzimmer und ging in das kleine
Wohnzimmer, wo es sich ihr Vater bequem gemacht hatte.
Eine alte Fernsehserie lief.

Ihr Vater war ein grossgewachsener Mann mit einem grossen
Bierbauch. Er hatte eine grosse Stirn und seine feinen Haare
fielen über den Hinterkopf auf ein blaues, durchgewaschenes
T-Shirt. Sein Bart war ungepflegt. Die Augen waren eisblau und
drückten keinerlei positive Gefühle aus.

«Mach mir ein Steak und Pommes Frites. Ich habe Hunger»,
sagte er nur und blickte anschliessend wieder in den alten
Fernseher.

Sie nahm es fraglos auf und nahm das gewünschte Gericht aus
der Gefriertruhe. «Und gib mir ein Bier».

Gesagt getan. Sie lief mit einem frischen Bier zu ihm, der sofort
den halben Inhalt mit wenigen Schlucken trank. Schüchtern
und mit gesenktem Blick stand sie daneben. «Wo war Mum?
Sie war gestern nicht zu Hause».

«Frag sie selber», antwortete er nur. «Ist mein Steak schon
fertig»?

Sie stand in der Küche, als plötzlich ihre Mutter auftauchte. Sie
torkelte und musste sich am Küchentisch stützen. «Was
machst du denn da?», lallte sie und schwenkte mit dem
Oberkörper vor und zurück.

«Mum? Bist du betrunken»?

Sie lachte. «Nein, mein Schatz». Doch es war offensichtlich. Sie
verströmte den Geruch von Bier.

«Und wie geht es in der Schule? Hast du schon neue Freunde
gefunden»?

Erst nach einer Woche wurde sie das gefragt?

«Ja. Ich habe ein sehr nettes Mädchen getroffen. Sie heisst…».
Sie wurde unterbrochen. Normalerweise war ihr Vater von
seiner Serie abgelenkt und würde nicht einmal eine Schiesserei

in der eigenen Wohnung bemerken. Die Unterhaltung mit ihrer Mutter schien er aber mit angehört zu haben.

«Was?», schrie er mit einer Lautstärke. Milo und Fabio begannen zu schreien. «Ich hoffe, ich habe mich verhört. Wie nanntest du das Mädchen»?

Oh, Shit. Wie konnte sie nur so blöd sein und die Frage beantworten? Hätte ein Nein nicht gereicht, so wie sie immer geantwortet hatte?

«Sie ist nur eine Kollegin. Du musst dir keine…».

Es war kaum zu sehen, so schnell ging es vor sich. Seine rechte Hand erhob sich. Sie hatte nicht einmal die Chance gehabt, sich zu ducken, als sie auch schon die Backpfeife traf.

«Du weisst, was passiert, wenn du dich weiterhin mit solchen Schlampen herumtreibst. Wenn ich dich erwische…», drohte er nur. Sein Gesicht war rot und sein Wurstfinger war in die Höhe gestreckt.

Geschockt griff sich Emilia an die Wange, die plötzlich feurig heiss war. Ihre Mutter hatte sich nur auf den Küchenstuhl gesetzt und abwesend an einem Glas Wasser genippt. Vielleicht war es auch ein weiteres Glas Wodka. Wäre ihr zuzutrauen. Sie schüttelte den Kopf und hielt ihren Blick abgewandt, um den nach Hilfe suchenden Blick von Emilia nicht ansehen zu müssen.

«Beruhige deine Brüder. Und komm mir heute nicht mehr unter die Augen».

Sie tat, was ihr befohlen wurde, und verliess die Küche.

Angst.

Mit zitternden Händen nahm sie Milo und Fabio aus ihren Betten und versuchte sie zu trösten. Sie wollte, dass es aufhört. Die ständige Anwesenheit der Angst und die belastende Verantwortung ihren Brüdern gegenüber waren einfach zu viel und zerdrückten sie. Ihr ganzes Leben bestand einfach aus Angst, Stress und Panik. Aus verschiedenen Gründen hatte sie sich emotional abgeschaltet, um sich selber zu schützen. Aber sie versuchte immer Milo und Fabio vor Gefahren zu bewahren. Sie war die Einzige, die dazu in der Lage war. Ihre Mutter war drogensüchtig, ihr Vater ein Gewalttäter. Auch wenn es eigentlich ihre Aufgabe gewesen wäre, sie traute ihnen nicht, sich genügend um ihre Geschwister zu kümmern. Dafür musste sie vieles bereits opfern und aufgeben.

«Ruhig, Fabio». Sie hielt ihn ganz nahe an sich.

Sie wollte weg. Einfach nur weg und die verpasste Kindheit nachholen, die sie sich mehr als verdient hätte. Sie musste viel zu viel durchmachen für ein Kind, musste zu viel erleben. Doch was auch immer ihr angetan wurde, sie waren immer noch ihre Eltern und ins Kinderheim wollte sie nicht.

Ein weiterer Grund sich emotional abzuschalten. Falsche Hoffnung war etwas Tödliches.

Nebst Angst, Stress und Panik war plötzlich Liebe aufgetaucht, das Gefühl, das sie am wenigsten erwartet hatte. Und doch war es da. Ellena war da.

Wie sehr sie sich wünschte, bei ihr zu sein, mit ihr zu lachen und zu reden. Sie wollte ihr helfen, gemeinsam stark sein und sich gegen Leon auflehnen, ihr ein schönes Leben bereiten. Bei ihr konnte sie nichts falsch machen, nicht so wie bei ihren Brüdern. Es folgten keine Schläge, sie musste nur für jemanden da sein. Und vielleicht brauchte auch sie jemanden, der für sie da war. Ellena war für sie wie ein Rettungsanker. Oder besser, wie ein dünnes Seil, das sie festhielt und nicht loslassen wollte, obwohl es schmerzte und das Seil sich immer weiter in die Haut schnitt.

Ihre Brüder waren schliesslich wieder eingeschlafen, doch durch die erklingende Stille konnte sie hören, was in der Küche passierte.

Es waren keine Trommelschläge, die sie durch die Wände hörte. Es waren dumpfe Fausthiebe auf einen weichen Körper, der wieder und wieder auf den Boden aufschlug. Regelmässig ertönte das Geräusch. Jedes Mal zuckte sie zusammen und schien tiefer in sich selbst zu versinken.

Ich kann nicht mehr, dachte sie. Sie hielt sich die Ohren zu, Tränen liefen ihr über die Wangen. Ich kann nicht mehr.
Zwischen den jeweiligen Schlägen hörte sie nur ein leises, verzweifeltes Wimmern, das nach wenigen Sekunden verebbte.
Das Einzige, was blieb und was sie hörte, waren die dumpfen Geräusche.
«Ich tu' es für dich, Ellena. Nur für dich».

## 10)

Von all dem wusste Ellena nichts. Während Emilia versuchte, nicht verrückt zu werden, lag sie im Bett und dachte nach. Sie vermisste ihre Freundin und wollte am liebsten wieder in ihren Armen liegen und einfach die schöne gemeinsame Zeit geniessen. Stattdessen musste sie sich mit der Leere abfinden, die sie hinterlassen hatte. Ihre glückliche Stimmung wurde schwächer, bis sie wieder in die selbstmörderischen Gedanken abdriftete.

Nebst Emilia waren ihre Eltern und Leons Bande ständige Begleiter in ihrem Kopf, die einfach nicht aufhören wollten zu existieren. Wie schwer es war, diese Überlegungen loszuwerden. Natürlich wollte sie Emilia nicht weghaben, sie war das einzig Positive in ihren ansonsten depressiven und dunklen Gedanken und das Einzige, was sie weitermachen lässt. Durch sie hatte sie wieder eine Zukunftsperspektive. Sogar eine recht schöne. Sie sah ein Haus, zwei Hunde und drei gesunde Kinder vor sich spielend. Leon tauchte plötzlich in diese schöne Zukunftsvorstellung ein und machte das Ganze zunichte.

Sie schüttelte sich und machte sich bereit fürs Bett. Nach einem kurzen Chat mit Emilia schlief sie ein und wachte erst wieder auf, als der Wecker sie aus dem Schlaf trieb.

Sie war alleine, was nicht sonderlich überraschend war. Ihre Eltern waren weg. Sie ass etwas Weniges und lief zur Schule, wo schon Emilia auf sie wartete. Ihre Stimmung hellte sich schlagartig auf, als sie sich in die Augen sahen.

Auch wenn sie sich fern von fremden Blicken trafen, trauten sie sich nicht, sich als Begrüssung zu küssen. Stattdessen gaben sie sich eine lange Umarmung, was fast die gleiche Kraft auslöste.

«Wir sollten uns nicht verstecken müssen», sagte Emilia.

«Ja, schon. Aber…».

«Nein, Ellena. Was haben wir noch zu verlieren? Sie glauben die Gerüchte schon. Was macht es für einen Unterschied, wenn wir sie bestätigen»?

Sie war sich zuerst nicht sicher. Die Erfahrung hatte sie leider schon gemacht, dass das Leben immer schlimmer werden konnte. Aber es stimmte: Was hatten sie schon zu verlieren? «Ich weiss nicht. Das ist ein grosser Sprung».

Doch eigentlich war da nichts, worüber man nachdenken und skeptisch sein sollte. In der Schule war es schwer genug, sich nicht die Händchen zu halten oder sich zu küssen. Dieser Druck, sich nicht zu verraten und einfach Freunde zu spielen, wäre nicht mehr da. Und wer weiss, vielleicht konnten sie damit anderen Menschen helfen, mit ihrer Personalität klar zu kommen. Als einziges homosexuelles Pärchen wären sie ein Vorbild für andere. Und was konnten Leon, Liam, Noel und Salomée dagegen tun, was sie nicht schon längst machten? «Ich bin für dich da, Ellena».

Emilia küsste sie und streckte ihre rechte Hand aus, die sie vorsichtig entgegennahm. Sie lächelte. Gemeinsam liefen sie los.

Nervosität liess ihre Hände zittern. Während Emilia graziös über den Schulhof lief, wollte sie nichts als zurück und die Schule unter allen Umständen nicht betreten. Was sie vorhatten, machte ihr Angst. Sie wäre nie so weit gegangen, hätte Emilia sie nicht dazu getrieben, hätte sie nicht gesagt, dass sie für sie da war.

Okay, einfach durchziehen und nicht nachgeben. Das schaffst du, munterte sich Ellena selber auf. Normalerweise machte sie keine kurzfristigen Entscheidungen, wie diese es war. Schnell wurde sie unmotiviert oder wollte einen Rückzieher machen, sobald es ernst wurde. Aber sie durfte jetzt nicht damit aufhören.

Emilia lief weiterhin stolz und anmutig dahin. Ellena brachte kein Wort heraus und drückte stattdessen ihre Hand, um die Aufmerksamkeit ihrer Freundin zu erlangen. Sie drehte ihren

Kopf und sah sie mit einem ermutigenden Blick an. Doch auch sie schien aufgeregt zu sein. Sie lächelten sich schwach zu, atmeten einmal tief ein und traten in die von lauten Stimmen durchtränkte Eingangshalle ein. Mit unsicheren Schritten und unauffälligen Seitenblicken den ankommenden Schülern liefen sie durch die Schule. Die gewohnte Hektik und die ansonsten hallenden Geräusche verstummten allmählich, bis die Schule für einen kurzen Moment zu einem stillen Ort wurde. Schülerinnen und Schüler aller Altersgruppen und Klassen starrten sie an. Viele hatten einen überraschten Gesichtsausdruck, andere waren unbeeindruckt von dem, was sie gerade machten.

Was sie aber am meisten erfreute, waren die lächelnden Schüler. Sie grinsten nicht hämisch, als hätten sie ein Weg gefunden, ihre Leben zu verschlimmern. Es waren freundliche, aufmunternde und anerkennende Gesichtsausdrücke, die alles andere als etwas Böses wollten.

Auch wenn die Reaktionen nicht so negativ waren, wie sie es erwartet hatte, hörten ihre Hände nicht auf zu zittern. Emilia schien es zu spüren.

«Hey, alles halb so wild, siehst du?», flüsterte sie.

Dann normalisierte sich die Lage etwas und die Blicke der Schüler schweiften weg. Der gewohnte Unterricht begann wieder, als wären sie nie vor die Schule getreten. Nur noch vereinzelt hörten sie Gespräche, die über sie geführt wurden. «Die sind aber mutig». «Ich hab's gewusst. Sie sind ein Paar». «Ich hoffe, Leon lässt sie in Ruhe».

Es waren durchaus positive Unterhaltungen vorhanden. Doch das wiegte das Folgende nicht auf.

«Das war nicht so schlimm, wie ich erwartet hatte». Sie hielten weiterhin fest ihre Hände, als fürchteten sie sich um eine gewaltsame Trennung. Ihre Gefühle waren überwältigend, überströmt von Euphorie. Ellena konnte ihr Lächeln nicht verkneifen. Sie dachte fast schon, dass damit ihr

Mobbingproblem gelöst wurde, da doch relativ viele Schüler sie freundlich angeschaut und niemand sie mit Anschuldigungen und Beleidigungen beworfen hatten. Wie schön das wäre. Leider zu schön.

Sie liefen zum Schliessfach und sahen schon von weitem, dass etwas nicht stimmte. Ein Blatt hing daran.

Es zeigte Ellena. Auf dem Foto war der Moment festgehalten, als sie von Leon die Treppen hinuntergestossen wurde. Sie lag auf dem Boden, als wäre sie tot. Ironischerweise war mit blutroten Buchstaben geschrieben: «Bring dich um, scheiss Homo». Daneben war ein Totenkopf aufgeklebt worden.

«Homos haben nichts Besseres verdient», stand unterhalb des Schädels.

«Arschloch», fluchte Emilia, die sofort das Bild wegriss und wütend zusammenknüllte. «Der wird was erleben».

Zorngeladen und mit hastigen Schritten lief sie in das sich langsam füllende Klassenzimmer, wo sich komischerweise Leon und seine Bande aufhielten. Sonst waren sie immer zu spät. Aber ging es darum, Ellena runter zu machen, waren sie sofort da.

«Warte». Ellena hielt sie am Arm zurück und deutete auf Emilias Schliessfach, das sie allerdings noch nie benutzt hatte. Auch da hing ein Blatt mit einer kranken Nachricht und ein verunstaltetes Gesicht, das nicht mehr Emilia glich. Woher sie das Bild hatten, wussten sie nicht. Eine Schlinge hing um ihren Hals und ein Messer steckte in ihrer Brust. Natürlich war alles mit Photoshop bearbeitet, doch es sah sehr real aus.

«Schön», sagte Emilia, die das Blatt nicht zerknüllte. Sie hielt es in der Hand, als wäre es etwas Besonderes, das sich aufzubewahren lohnte.

«Du weisst, dass wir zur Polizei können, oder»? Sie schaute Ellena fragend an.

Sie wollte eigentlich keine Anklage erheben. Die Probleme, die sie in der Familie hatte, konnten ans Licht kommen, und das war das Letzte, was sie wollte. Ihre Mutter, und auch ihr Vater, waren nicht unbekannt bei der Polizei.

Es war jedoch eine Möglichkeit, mit Leon fertig zu werden, und sie würde diese Chance nutzen, auch wenn sich dadurch ihr Leben verändern würde. Sie würde es für Ellena machen.

«Zur Polizei? Aber...». Sie zögerte, schien zu überlegen. Ihr Blick drückte etwas aus, das Emilia nicht verstehen konnte. War es Angst? Oder doch etwas Hoffnung?

«Er hätte keine andere Wahl, als uns in Ruhe zu lassen».

Sie holte das zerknüllte Papier hervor, glättete es vorsichtig und hielt es vor Ellena. «Ich will nicht, dass du so endest».

Ellena zögerte weiterhin, schien sich darüber den Kopf zu zerbrechen. Sie öffnete immer wieder ihren Mund, wollte ihre Entscheidung mitteilen, doch etwas hinderte sie daran.

Dann läutete es und die Klingel trieb alle Schüler in die Klassenzimmer.

«Ich muss darüber nachdenken», sagte sie nur und ging.


Sie sprachen nicht viel miteinander. Die Bilder blieben in ihren Köpfen hängen und die ständigen Beleidigungen von Leon, Liam, Noel und Salomée hielten sie auf Trab. Sie waren schlau. Jedenfalls wussten sie, bei welchen Lehrern sie sich austoben konnten und bei welchen sie lieber die Schnauze halten sollten. Am schlimmsten war es, wenn die Lehrperson nicht im Zimmer war. Das perfekte Umfeld, um sie zu mobben. Da blieb es auch nicht nur bei Beleidigungen.

Emilia war ihr Beschützer. Sie warf Bleistifte zurück, konterte gewieft Beleidigungen. Als Noel sie bedrängte, musste sie sogar eine Backpfeife austeilen.

Das ganze Hin und Her wurde für die anderen Klassenkameraden zur Attraktion. Belustigt und auch mal filmend verfolgten sie das Spektakel.

Es war wie ein Kriegsgebiet, wo es aber nur einen Gewinner geben konnte.

Während Emilia sich wehrte, war Ellena still. «Hör auf damit», drängelte sie oftmals und wollte, dass sie aufhörte.

Sie wollte es nicht mehr. Sie wollte nicht mehr, dass Emilia sich für sie opferte, für etwas, was sie selber tun könnte. Wenn sie doch nur den Mut und genügend Kraft dazu hätte, um dagegen anzukämpfen. Es tat ihr weh, wie sie sich einsetzte, während sie einfach nur dasass, und selbst gegen sie kämpfte. Wieso konnte sie nicht den Mut aufbringen, sich selber zur Wehr zu setzten? Wieso war sie immer noch so zurückhaltend, obwohl sie die perfekte Freundin an ihrer Seite hatte, die zu ihr stand? Sie sollte das Gleiche für Emilia tun. Aber sie konnte es nicht. Und sie hasste sich dafür.

«Es tut mir leid», sagte sie ganz leise. Sie war den Tränen nahe, doch Emilia schien sie nicht gehört zu haben.

Die ganze Situation hörte selbst am Mittagstisch nicht auf. Im Gegenteil. Da sich in der Mensa keine Lehrer befanden, wurde es nur noch schlimmer.

Ellena und Emilia sassen an ihrem gewohnten Platz und wollten ihre Mahlzeit zu sich nehmen. Doch jeweils abwechselnd tauchten Leon, Liam, Noel und Salomée auf und versauten ihr Mittagessen. Wortwörtlich.

Sie traten nach ihren Schulsachen, warfen Gegenstände nach ihnen und schütteten sogar ein Glas Wasser über ihre Köpfe. Das Gelächter, das um sie ertönte, stachelten sie nur noch weiter auf.

Während Ellena nahe an einem Zusammenbruch war, versuchte Emilia sie zu beruhigen und sich nichts anmerken zu lassen. Doch dann wurde es genug.

Normalerweise war der Mittag eher ruhig gewesen und sie konnten die Pause fast ungestört geniessen, einfach nur, weil Leon und seine Bande sich Essen kaufen gingen. Doch nach der Szene, die sie am frühen Morgen durchgezogen hatten, war es für Leon wohl ein Zeichen gewesen, in der Schule zu essen.

Sie versuchten standhaft zu bleiben, doch, als es immer schlimmer wurde, wollten sie sich die Erniedrigungen nicht mehr gefallen lassen.

«Komm, wir gehen». Emilia räumte das Geschirr weg. Sie waren zwar noch nicht ganz fertig, aber es war Zeit zu gehen.

«Ihr wollt uns doch nicht schon verlassen, oder?», ertönte die Stimme von Leon. Er und Salomée setzten sich neben Ellena, während Liam und Noel neben Emilia Platz nahmen.

Man sah die Angst in Ellenas Augen und die Unsicherheit in ihren Bewegungen. Ein panisch nach Hilfe suchender Blick ging von ihr aus, als Salomée ihren Arm um sie legte. Wie sie sich fühlte, das konnte Emilia sich nicht vorstellen. Neben den zwei Leuten zu sitzen und von ihnen bedrängt zu werden, die ihr Leben zur Hölle gemacht hatten, war sicher nicht entspannend, das sah man nur an ihrem Blick.

«Ihr solltet von hier verschwinden», forderte Emilia mit gelassener Stimme. Ihre Nervosität versuchte sie zu unterdrücken. Während sie ihren bösesten Blick über die nicht gewünschten Anwesenden schweifen liess, suchte sie unter dem Tisch das Bein von Ellena und versuchte sie mit ihren Berührungen wissen zu lassen, dass sie für sie da war.

«Oder was»? Salomée grinste sie hämisch an. «Wollt ihr uns mit eurer dreckigen Liebe anstecken»?

«Oder wir gehen zur Polizei».

Ellena schaute auf.

Leon schaltete sich ein. «Wenn ihr das macht, werden wir euch umbringen».

«Ey, mach dir keine Sorge. Die haben nicht die Eier dafür», sagte Liam lachend.

Ja, er hatte recht. Emilia hatte nicht den Mut, die Polizei zu verständigen, wenn es um ihre Familie ging. Vor den Konsequenzen hatte sie einfach zu grosse Angst. Aber hier ging es um Ellena und sie würde alles tun, um ihr ein besseres Leben zu verschaffen. Auch wenn ihr Leben dabei in Gefahr geraten könnte.

«Willst du uns auf die Probe stellen?», erwiderte sie. Liams Lächeln verschwand.

«Keine Sorge. Wir werden sichergehen, dass ihr nicht auf solche Gedanken kommt».

Was dann folgte, war überraschend und das Schaffen von Feiglingen. Leon wusste, dass Emilia ihre Drohung wahr machen würde und dass sie die gefährlichere der Beiden war, weshalb er es auf sie abgesehen hatte.

Noel stand plötzlich auf und hielt Emilia mit seinen muskulösen Armen fest. Sie wehrte sich, wandte sich und versuchte um sich zu schlagen, doch sein Griff war wie ein Schraubstock.

«Lass mich los, Arschloch!», schrie sie und zog damit die ganze Aufmerksamkeit der Mensa auf sich. «Lass mich verdammt nochmal los». Doch sie schaffte es nicht.

Gleichzeitig stand Ellena auf. Sie wollte ihrer Freundin zu Hilfe eilen. Doch weit kam sie nicht. Salomée hielt sie von hinten fest und drückte sie auf den Stuhl. «Bleib sitzen, Schätzchen». Ihre Stimme klang lieblich und erotisch, doch ihr Blick zeigte nur Belustigung und Amüsement.

Hass.

Sie wurden vor den Augen der Schüler festgehalten, die eigentlich ihre Mittagspause geniessen wollten, doch von diesem Spektakel unterbrochen wurden.

Tränen liefen über Ellenas Wangen. In Emilia stieg Panik auf, als Leon vor ihr stand und auf sie herabblickte. Seine Augen und sein Lächeln kamen ihr schrecklich bekannt vor. Plötzlich stand nicht mehr Leon vor ihr, sondern ihr Vater.

«Ich werde dir zeigen, was eine Lesbe, eine verdammte Schwuchtel, verdient hat». Die laute rauchige Stimme ihres Vaters liess die Panik auf ein Maximum ansteigen, wie sie es schon lange nicht mehr gespürt hatte. Leon war nur noch entfernt zu hören.

Sie wimmerte.

«Ich werde dir diese… diese Krankheit austreiben».

Er kam näher. Sein Bierbauch schwabbelte mit jedem Schritt. Dann streckte er seinen Arm aus. Sie spürte nur noch die Wand hinter sich.

«Nein. lass sie in Ruhe, Bastard», ertönte die Stimme von Ellena und zog sie aus ihren Tagträumen zurück.

Immer noch voller Angst und voller Panik begann Emilia wieder um sich zu schlagen. Mit einer kräftigen Kopfnuss brach sie Noel die Nase und befreite sich. Sie schubste Liam aus dem Weg, der die ganze Zeit lachend zuschaute, und rannte.

Durch die Ablenkung wurde auch der Griff von Salomée lockerer. Ellena löste sich, schnappte sich schnell den Rucksack und folgte Emilia.

Erst auf der Mädchentoilette hielt sie an. Ihr Herz raste, ihr war heiss, die Panik und die Angst immer noch spürend. Sie schloss sich in eine Kabine ein und setzte sich auf den Boden. Tränen liefen über ihre Wangen, ihr Schluchzen war bis in den Gang zu hören.

«Emilia? Wo bist du?», ertönte nach wenigen Sekunden die Stimme von Ellena.

Sie wollte nicht sprechen. Sie hätte es wahrscheinlich nicht einmal gekonnt, wenn sie es versucht hätte. Stattdessen schlug sie einmal mit der Faust an die Kabinentür und machte somit auf sich aufmerksam.

«Emilia? Was... wie geht's dir?».

Es war das erste Mal, dass ihr diese Frage gestellt worden war. Ansonsten war es immer umgekehrt gewesen und nicht sie hatte weinend am Boden gesessen.

Anstatt zu antworten, schloss sie die Tür auf. Ellena trat hinein und setzte sich ebenfalls auf den Boden. Es wurde eng.

Für einen Moment war nur noch das Schluchzen zu hören. Ellena schien nicht zu wissen, was genau sie sagen sollte.

«Willst du darüber reden? Du hast...», fragte sie schliesslich.

Fast hätte sie es in Betracht gezogen, über das zu sprechen, was sie unter allen Umständen hätte geheim halten wollen.

Diese Szene hatte sie zu einer längst verdrängten Erinnerung zurückversetzt.

Doch sie hielt ihre Probleme, ihre Gedanken zurück.

«Ich weiss nicht, wie ich dich weiter beschützen soll, Ellena», sagte sie stattdessen, weiterhin schluchzend. «Ich versuche... ich will doch einfach, dass du wieder ein schönes Leben hast».

Ellena lächelte schwach.

«Hör zu. Seit ich dich kenne, hast du mein Leben vergoldet und mich ständig davon abgehalten, mich umzubringen, okay? Du hast mein Leben mehr als nur einmal gerettet und du erinnerst mich immer wieder daran, was für schöne Sachen es auf der Erde hat. Und es tut mir leid, wenn ich nicht die Eier habe, mich selber zu schützen». Sie lächelte und suchte Emilias Blick. Sie erwiderte das Lächeln schwach.

«Und weil es fast nicht schlimmer werden kann, können wir ja jetzt zu Polizei gehen».

Danach besprachen sie ihren Plan. Sie wollten am Freitag nach der Schule zur Polizei gehen. Bis dahin sollten sie genügend Notizen und Beweismaterial gesammelt haben, dass sie etwas gegen Leon, Liam, Noel und Salomée in der Hand hatten. Die Fotos und die Morddrohungen waren jedenfalls schon in einem Mäppchen.

Wenn sie schon zur Polizei gehen wollten, dann mit so viel wie möglich.

Schliesslich verliessen sie die Toilette und umarmten sich lange, bevor sie sich zu dem bereits angefangenen Unterricht hinzusetzten.

«Hattet ihr Spass auf der Toilette»? Es war ja zu erwarten, dass Leon sich so einen Spruch nicht entgehen lassen konnte.

Aber sie ignorierten ihn und setzten sich hin, wo sie von Herrn Stulz vollgelabert wurden.

Der Vorfall wurde schnell vergessen. Dass etwas weitaus Schlimmeres dahintersteckte, als nur die Unwissenheit, wie sie ihre Freundin weiter beschützen konnte, davon hatte Ellena keine Ahnung. Wie konnte sie auch? Ellena stand im Vordergrund, weil sie ihre Probleme nicht verstecken konnte. Jedenfalls war Emilia wieder die starke Frau, die nicht nur einstecken, sondern auch austeilen konnte. Was sie von sich gab, um Leon in Schach zu halten, liess die ganze Klasse auflachen. Doch was in ihr vorging, war weitaus weniger Widerstandsfähig.

Während Emilia wieder die alte war, ging es Ellena immer schlechter. Vor allem als sie von der Schule nach Hause kam, erwartete sie eine böse Überraschung.
In Gedanken versunken und alleine lief sie die gewohnte Strasse entlang. Es fiel ihr sofort auf: Vor dem Haus war ein grosses Schild in den Boden gehauen worden. «For sale» stand mit roten Buchstaben darauf. Darunter die Handynummer ihres Vaters. Sie blieb für einige Momente einfach stehen und war sich nicht sicher, ob sie beim richtigen Haus stand. Doch als sie realisierte, was das Schild bedeutete, ging sie schnurstracks nach drinnen.
Im Haus wartete eine weitere Überraschung.
Sie lief in die Küche, wo sich nicht nur ihre Eltern aufhielten. Eine junge Frau und ein Mann sassen um den Tisch. Sie sprachen miteinander.
Ohne ein Wort zu sagen, liess Ellena sich blicken. Es wurde sofort still.
«Oh, hallo», sagte ihre Mutter. «Wir haben einige Neuigkeiten».
Zuerst dachte sie, dass es sich bei den zwei Erwachsenen um das Jugendamt handelte, die da waren, um sie abzuholen.
Doch sie wurden als neue Freundin von ihrem Vater und als neuer Freund von ihrer Mutter vorgestellt.
«Ihn kennst du ja bereits». Ihre Mutter deutete auf den Mann hinter ihr. «Oh ja. Der nackte Typ, der auf der Couch geschlafen hat, nicht?», antwortete Ellena.

Irgendwie machte es sie traurig, ihre Familie so zu sehen. Dass ihre Eltern so schnell neue Beziehungen hatten, sich gegenseitig so schnell ersetzen konnten, das machte ihr zu verstehen, dass sie die ganze Zeit nur ein Hindernis war. Und es immer noch war. Immerhin war das Problem mit ihr noch nicht gelöst. Wohin würde sie geschickt werden?

Nachdem ihr alle Anwesenden im Raum vorgestellt worden waren, breitete sich eine unangenehme Stille aus, die für eine unerträglich lange Zeit nicht verschwinden wollte.

«Okay. Wieso steht ein Verkaufsschild im Garten?», unterbrach sie die Stille.

«Dein Vater wird es dir erklären».

«Was? Nein, das ist deine Aufgabe».

So ging es weiter.

«Wir ziehen um, nur weil ich in der Schule gemobbt werde?», unterbrach Ellena das Gezanke. «Oder werdet ihr mich einfach so in ein Kinderheim schicken»?

Alle schauten auf.

«Oh nein, mit dir hat das Ganze nichts zu tun. Ich ziehe nur zu meinem Freund und dein Vater zu seiner Freundin».

«Genau. Und wir haben abgemacht, dass du zu deiner Mutter gehst».

Der darauffolgende Blick war tödlich.

«Was? Wir haben uns ganz klar darauf geeinigt, dass du sie behältst. Du kannst nicht einfach so…».

Sie wurde unterbrochen.

«Wohin?», schrie Ellena nur, die ihre Geduld verloren hatte.

Sie spürte, wie sich Hass in ihr bildete. Und Wut.

Komischerweise fühlte sie sich zu diesem Zeitpunkt bereit, ihre Wut herauszulassen und sich zu wehren. Wieso konnte sie das nicht in der Schule?

«Weit weg. Wohin wissen wir noch nicht, aber es wird weit weg sein. Und weit weg voneinander», erklärte ihre Mutter, die mit ihrem berühmten Blick ihren Ex-Mann durchbohrte.

«Aber…», begann Ellena, doch dann lief sie davon.

Emilia.

Das war das Einzige, was ihr durch den Kopf ging. Sie konnte sie nicht verlassen, sie würde den Schmerz nicht überleben. Und mit Menschen zu wohnen, die sie nicht einmal liebten, wollte sie schon gar nicht. Wie konnten sie das in Erwägung ziehen, ohne mit ihr gesprochen zu haben? Sie würde sich lieber umbringen, als von Emilia getrennt zu werden.

Die Aussichten auf eine Welt ohne Leon waren zwar berauschend schön. Sie könnte neu anfangen und das Ganze vergessen. Doch ohne Emilia? Niemals. Wer würde sie aufmuntern, wenn sie wieder am Boden war? Wer würde für sie da sein, wenn sie Hilfe benötigte? Auf ihre Eltern konnte sie nicht zählen. Und eine Zukunft mit einem Stiefvater oder einer Stiefmutter war nicht mit schönen Erwartungen geschmückt.

«Emilia, ich habe ein Problem», murmelte sie ins Telefon, sobald sie im Zimmer war.


Emilia war wieder zu Hause. Und was auf sie wartete, war weitaus schlimmer als die schlechte Neuigkeit, die Ellena erhalten hatte.

Sie ging, wie gewohnt, die dreckigen Treppen hinauf und trat in die kleine Wohnung ein. Kaum war sie hereingekommen, wusste sie schon, dass etwas nicht stimmte.

Normalerweise war ihre Mutter zu Hause, wenn sie oder ihre älteren Geschwister keine Zeit hatten, Milo und Fabio zu hüten. Das war häufig während der Schulzeit so. Was ihr Vater für seine Kinder machte? Nichts.

Babygeschrei war zu hören.

«Mum?», rief sie durch die Wohnung. Doch sie erhielt keine Antwort.

Sie legte ihren Rucksack auf den Boden, zog ihre Jacke und Schuhe aus. Abgesehen von den allzu bekannten Schreien war kein Geräusch zu hören. Auch nach einem erneuten Ruf kam keine Antwort zurück. Wo war ihre Mutter?

Ohne sich in der Wohnung umzusehen, ging sie in ihr Zimmer, wo auch ihre jüngeren Geschwister schliefen. Milo und Fabio sassen in ihren von Holz umzäunten Betten und weinten ihre Seelen aus dem Leib. Als sie in das Zimmer trat, blickten sie zu ihr und beide streckten ihre Ärmchen nach ihr aus.

«Hey, was macht ihr hier, so ganz alleine»?

Emilia nahm sie in die Arme, wo sie sich schnell beruhigten. Nur noch ein kurzes Wimmern war noch von Fabio zu hören, dann war es still.

Doch die Frage, wo ihre Mutter abblieb, wurde dadurch nicht beantwortet.

Sicher war sie wieder zu ihrer Lieblingsbar gegangen und betrank sich gerade mit Whisky und Gin.

Um zu vergessen. Oder um zu ertragen.

Emilia konnte das auf eine Art und Weise verstehen, doch das entschuldigte nicht, dass sie ihre eigenen Kinder alleine liess.

Was war sie für eine schlechte Mutter?

Jedenfalls wollte sie gerade etwas Milch zubereiten, als sie die Flasche auf dem Boden sah. Oder die Scherben davon.

Sie beugte sich darüber und nahm einige davon in die Hand. Die halbdurchsichtigen Glassplitter verströmten immer noch den starken Geruch nach Alkohol, der in der Nase brannte und sie an so manche Momente erinnerte, als ihre Mutter betrunken nach Hause kam. Sie hatte sich selber versprochen, die Finger von Bier und Spirituosen zu lassen. Sie würde alles tun, um nicht so zu enden wie ihre Mutter. Und schon gar nicht wollte sie so werden wie ihr Vater.

Komisch. Wieso war hier eine Flasche zerbrochen worden?

«Mum?», rief sie erneut.

Ihre Fantasie erschuf Szenen, die sie hoffte, dass sie nicht passiert waren. Leichte Panik stieg wieder in ihr auf.

Komischerweise erinnerte sie sich an die Mittagspause in der Schule, wo sich die Angst zum ersten Mal an diesem Tag zeigte. Sie fragte sich immer noch, wieso sie plötzlich an jenen schicksalshaften Abend zurückversetzt worden war. Als es das erste Mal passierte. Als ihr Vater…

Dann ertönte ein Geräusch. Es kam vom Wohnzimmer.

Vorsichtig und so leise wie möglich lief sie durch die Wohnung und blickte um die Ecke des Salons. Der Anblick war erschreckend.

Sie dachte, dass ihre Mutter auf eine spontane Sauftour gegangen war. Doch stattdessen hatte sie sich hier, in ihrer Wohnung, besoffen.

Sie lag auf dem Boden. Das linke Bein noch auf der Couch. Ihre Haare versteckten ihr Gesicht und ihre Kleidung war an manchen Stellen nass. Auf dem Salontisch standen mehrere Flaschen und Gläser, gefüllt mit Jägermeister oder Gin. Chips und Popcorn waren über den Boden verteilt.

Zigarettenstummel lagen auf einem Teller. Weitere Scherben konnte man an der gegenüberliegenden Wand finden.

«Mum». Emilia rannte zu ihr und versuchte sie wach zu rütteln. «Wach auf».

Plötzlich stieg ein ekelhafter Geruch in ihre Nase, der nicht nur von Alkohol herrührte. Doch davon liess sie sich nicht ablenken und drehte ihre Mutter auf die Seite. Kaum war sie in dieser Stellung, zuckte sie zusammen, röchelte und erbrach sich auf den weinroten Teppich. Eine ekelhafte Ausdünstung breitete sich aus, die alles in den Schatten stellte, was bisher in ihre Nase gestiegen war.

«Mum». Sie wusste nicht, wie sie reagieren sollte. Nur ein schwaches Brummen war zu hören. «Wach auf!», rief sie weiter und schüttelte sie, in der Hoffnung, sie wach zu kriegen. Doch sie bewegte sich nicht. Die Lache breitete sich weiter aus. «Ich rufe einen Krankenwagen».

Sie kam nicht mit dieser Situation klar. Angst störte ihre Wahrnehmung. Was hätte sie auch tun können? Ihre Mutter war beinahe bewusstlos, wäre fast gestorben. Eine Ambulanz zu rufen, war vielleicht das beste, was sie tun konnte.

«Nein», hörte sie ihre Mutter sagen, schwach. «Ruf auf...
keinen Fall einen Kranken... wagen». Ihre Mutter versuchte
aufzustehen, fiel aber immer wieder auf den Bauch. Ihre Haare
lagen im Erbrochenen und klebten aneinander. Sie versuchte
es ein weiteres Mal, streckte ihre Hand aus und griff nach dem
Salontisch. Eine Bierflasche fiel auf den Boden und zersprang in
tausend Stücke.

«Hilf mir, verdammt nochmal», forderte sie, als sie endlich in
eine fast aufrechte Position gelangt war. Emilia stand
währenddessen mit dem Telefon im Wohnzimmer und wartete
ängstlich, immer noch unsicher, was sie machen sollte. «Aber,
Mum...». Sie war den Tränen nahe.

«Ich muss auf die Toilette». Ihre Mutter schwitzte stark, hatte
eine tomatenrote Gesichtshaut, ihre Augen schienen nichts
fixieren zu können, zitterten. Nach jeder Bewegung machte sie
eine Pause, versuchte ihren Brechreiz zu unterdrücken.
Schliesslich wachte Emilia aus ihrer Starre auf und half ihr auf
die Beine. Langsam und mit ganz kleinen Schritten liefen sie
durch die kleine Wohnung, schlängelten sich durch die
Pappkartons und erreichten schliesslich, nach mehreren von
ihrer Mutter verlangten Stopps, die Toilette, wo sie sich sofort
über die Schüssel beugte und sich den Finger in den Hals
steckte.

Emilia war sofort verschwunden und schaute stattdessen nach
ihren Brüdern. Beide spielten auf dem Boden mit Holzklötzen
und mit Plüschtieren. Zum Glück waren sie mit den harmlosen
Spielzeugen beschäftigt und hatten die Glasscherben an der
Wand noch nicht entdeckt. Schnell holte sie den Besen und
machte das Zimmer wieder zu einem sicheren Ort zum Spielen.
Währenddessen kotzte ihre Mutter ihre Seele aus dem Leib.
Emilia schaute nicht bei ihr vorbei, weil sie ihre Mutter nicht in
solch einen Zustand sehen wollte. Stattdessen spielte sie mit
ihren Brüdern, die sie versuchte zum Lachen zu bringen.
Doch eigentlich war sie innerlich am Boden.

Sie konnte es einfach nicht mehr aushalten. Immer dieses Gefühl, oder besser gesagt, dieses Nichtvorhanden von Gefühlen, die ständige Angst vor ihrem Vater, um ihre Mutter und ihre Brüder. Um Ellena. Alles, was sie liebte, war gefährdet. Entweder durch sich selber oder durch einen fetten Mann. Und diese Leere, die immer kleiner werdende Leere. Die Liebe zu Ellena, eine Gefühlsregung, die sie für unwahrscheinlich gehalten hatte und über die sie doch froh war, wurde immer kleiner, verdrängt durch die Angst, verschluckt durch die Leere. Der Faden wurde immer dünner und jeder Schlag liess sie tiefer in den Abgrund der unendlichen Schwärze fallen.

Plötzlich hörte sie das Klirren von Glas. Es kam aus dem Wohnzimmer. Sie sah zu Milo und Fabio hinunter. Wie unbeschwert und glücklich sie mit diesen einfachen Gegenständen waren, wie sie einfach in dieser kleinen Welt lebten, in der alles möglich zu sein schien. Fast beneidete sie ihre Brüder.

Sie lief in das Wohnzimmer und entdeckte ihre Mutter über dem Salontisch stehend. Sie schwankte. In der linken Hand hielt sie einen Plastiksack und in der rechten eine Putzlappen mit einer Küchenrolle. Ihre ungeschickten Bemühungen, die Hinterlassenschaften wegzumachen, waren traurig anzusehen. Ihre Bewegungen waren unsicher und zittrig. Weitere Flaschen und Gläser fielen ihr aus Versehen auf den Boden. Sie machte alles nur noch schlimmer.

«Mum», intervenierte sie. «Lass das. Ich mache das... nein, du machst alles nur noch schlimmer». Ihre Mutter versuchte zu widersprechen, aber sie wurde von ihrer Tochter in ihr Schlafzimmer geführt, wo sie sich auf das Bett fallen liess und sofort einschlief.

Emilia ging wieder in das Wohnzimmer, fing an zu putzen. Sie öffnete die Fenster und hoffte, dass der im Raum vorherrschende Geruch verschwinden würde. Sie sammelte

Flaschen zusammen, putzte Gläser und säuberte den Boden. Den Teppich warf sie in die Waschmaschine.

Kaum war sie fertig, öffnete sich die Tür und ihr Vater trat ein. Sie hatte nicht gemerkt, wie spät es bereits war.

«Wo ist das Essen? Ist niemand hier fähig, eine einfache Mahlzeit zuzubereiten?», rief er, kaum war er in der Wohnung. Schon nur seine Präsenz liess Angst in ihr aufsteigen. Er warf seine Jacke auf den Küchentisch, nahm sich eine Packung Milch aus dem Kühlschrank und machte es sich auf dem Sofa bequem, den Fernseher bereits angeschaltet. Dass der Teppich unter seinen Füssen fehlte und ein immer noch nach Erbrochenen riechender Duft vorherrschte, schien er nicht zu bemerken.

Doch seine Wut brach aus, als er seine Frau schlafen sah.

Es war tiefe Nacht und alle schliefen bereits, als sie sich erst in die Dusche begab. Sie schminkte sich ab, zog die weite Kleidung aus. Was sie sah, überraschte sie nicht wirklich, doch sie konnte sich nie an diesen Anblick gewöhnen, weil sie wusste, dass es nicht normal war: Sie war mager, hatte kaum was auf den Rippen und ihre Knochen traten hervor. Eine Folge ihrer Armut. Sie fühlte sich aber nicht schlecht in ihrem Körper - wenn doch die vielen blauen Flecken nicht gewesen wären. Sie waren überall, aber vor allem an den Armen und an den Beinen. Vereinzelt waren auch Blutergüsse an den Rippen zu sehen. Die faustgrossen Flecken liessen ihren Körper nicht mehr menschlich aussehen. Sie ähnelte fast einem Alien aus den seltsamen Second-Hand-Comics.

Sie schmerzten nicht wirklich. Nicht, wenn man sie nicht anfasste. Das Schwerste daran waren die Schmerzen, die durch den Körper fuhren, als sie zugefügt worden waren. Oder so zu tun, als wären sie gar nicht da.

Sie stand mehrere Minuten vor dem Spiegel, weiterhin auf ihre Verletzungen starrend. Sie wusste von jedem blauen Fleck,

wann er ihr zugefügt worden war und was vorher passiert war.
Doch wieso, das konnte sie nie verstehen.
Und trotzdem hasste sie ihren Vater nicht. Nicht wirklich.
Vielleicht war die Hoffnung noch da, dass er damit aufhörte,
oder dass sie sich an die Zeit erinnerte, als er noch normal war,
als er noch kein gewalttätiger Mann gewesen war.

Ja, diese Zeit hatte es einmal gegeben.
Sie war wunderschön, farbenfroh. Die gebliebenen
Erinnerungen waren von Glück geprägt und wurden von
Freude regiert. Die Welt schien perfekt zu sein, ohne jegliche
Probleme, hell. Das Lachen überflutete ihr Zuhause. Sie war
schwerelos, beflügelt. Ihre älteren Halbgeschwister, Nico und
Stefanie, spielten mit ihr, brachten sie zum Lachen. Ihre Freude
und ihre Unbeschwertheit waren ansteckend. Im ganzen
Zuhause war von früh morgen bis spät in die Nacht eine
Anwesenheit präsent, die nicht nur ihre Geschwister in ihren
Bann zog. Auch ihre Eltern waren damals noch von Glück
umhüllt. Sie erinnerte sich an die vielen glücklichen Abende, als
sie noch auf dem Schoss ihres Vaters sass, ohne sich zu
fürchten, ohne Schläge zu erwarten. Auch ihre Mutter war
noch ein Elternteil, auf den man sich verlassen konnte, ohne
sich Sorgen machen zu müssen, ob sie am nächsten Morgen
noch stehen konnte, ob sie durch ihren Alkoholkonsum noch
ansprechbar war. Emilia konnte Glück geben und erhielt das
Vielfache zurück. Es war eine Zeit, in der sie noch Liebe
erfahren, in der sie noch das Gefühl von einer richtigen Familie
erleben, in der sie noch Moral und Gerechtigkeit lernen
konnte. Es war eine Zeit, die nicht nur von Glück und
Zufriedenheit durchzogen war, sondern mehr.
Im Nachhinein schienen sie perfekt gewesen zu sein.
Doch der Schrecken begann viel zu früh. Wie genau es anfing,
wusste sie nicht. Es war wohl ein schleichender Prozess
gewesen, der immer schlimmer wurde. Angefangen hatte es
nach der Kündigung ihres Vaters. Seine Arbeit hatte eine

grosse Bedeutung in seinem Leben und die nicht vorhersehbare Kündigung hatte ihn aus dem Leben gerissen. Er zog die ganze Familie mit sich.

Zuerst war er traurig, aufgelöst, niedergeschlagen. Er war immer zu Hause und schaute sich seine Fernsehserie an, machte ansonsten nichts mehr. Er war oft gereizt. Dann kamen die Geldprobleme und er wurde immer wütender. Von diesem Zeitpunkt an zerbrach die Familie. Die glücklichen Momente, die lauten Lacher, die Unbeschwertheit - das alles verschwand und wurde durch Angst, Dunkelheit und Schmerz ersetzt. Er wurde handgreiflich, hatte Wutausbrüche. Seine Frau war das erste Opfer seiner Taten. Nico und Stefanie kurz darauf, weil sie bereits gross genug waren, um zu wissen, was er machte. Sie versuchten ihre Mutter zu beschützen, doch sie hatten keine Chance. Emilia war länger vor seinen Schlägen sicher gewesen, aber sie war nicht immun dagegen.

Die ganze Last der Familie lag nun auf den Schultern ihrer Mutter. Sie brachte das Geld ins Haus, doch eines Tages war es ihr zu viel, und sie begann zu trinken. Vielleicht suchte sie einen Weg zu vergessen. Doch sie konnte nicht vergessen. Die Erinnerungen wurden jeden Tag erneuert. Es war ein Teufelskreis, der alles Gute verschluckte und in negative Erinnerungen verwandelte.

Nach den vielen Jahren hatte sie sich immer noch nicht an die Veränderungen gewöhnen können. Wie konnte sie auch? Es war immer noch das gleiche Gefühl, das auftauchte, wenn sie geschlagen wurde. Es war immer noch die gleiche Stimmung im Haus, auch wenn sie alleine war. Immer musste sie gefasst sein, Schläge zu kassieren, weshalb sie ihre Psyche darauf vorbereitet hatte. Der Geist nahm trotzdem Schaden, mehr sogar als der Körper.

Ohne die Liebe von Ellena und den Erinnerungen an die vergangenen Zeiten und den damit entstandenen Hoffnung wäre sie… Wo wäre sie?

Alles, was ihr noch blieb, war der Wunsch, nicht so zu enden wie ihre Eltern, und die Liebe für ihre Brüder und Ellena. Doch woher sollte sie die Kraft nehmen, gegen Leon und seine Bande vorzugehen? Hoffnung, Liebe und die Tatsache, dass sie nichts mehr zu verlieren hatte vielleicht? Vieles war Schauspielerei. Ein Mittel, um ihre Probleme und Ängste zu verstecken. Sie wollte stark wirken, sie musste stark sein, obwohl sie selber nicht mehr die Kraft dazu hatte.
Doch sie blieb standhaft. Alles, nur wegen der Liebe. Alles, nur wegen Ellena.

Sie stand immer noch vor dem Spiegel, verträumt, in den schönen Erinnerungen schwelgend. Als ihre Beine zu zittern anfingen und sie ihren Anblick nicht mehr ertragen konnte, ging sie in die Dusche. Lautlose Tränen liefen über ihre Wangen, die unauffällig verschwanden.
«Nur noch ein bisschen länger», flüsterte sie.
Rote Tropfen fielen.

## 11)

Es wurde Frühling. Die Luft war warm, die Sonne gewann an Kraft, Vögel zwitscherten in den Bäumen. Frisches Grün wuchs auf den Feldern, Blätter sprossen aus den kahlen Skeletten der Bäume, Blumen verströmten leuchtende Farben und einen angenehmen Geruch. Kaninchen jagten sich über die weiten Felder, junge Rehkitze sprangen wild umher, Füchse spazierten am Waldrand. Die Natur erwachte aus ihrem alljährlichen Winterschlaf.

Ellena und Emilia tauchten gemeinsam, Hand in Hand, in diese Welt ein. Es war später Nachmittag, die Schule hatte gerade geendet und eine spontane Entscheidung hatte sie an diesen Ort geführt. Eine Entscheidung und ein Bus.

Die beruhigende Atmosphäre liess sie abschalten. Nach einem solch harten Tag war es genau das, was sie brauchten, was sie suchten. Leon hatte sie auch an diesem Tag nicht in Ruhe gelassen und keine Möglichkeit ausgelassen, sie beide niederträchtig und vor der ganzen Klasse klein zu machen. Doch jetzt war alles wieder in Ordnung. Sie waren zusammen und ganz für sich, nur sie zwei. Das alleine machte vieles schon in Ordnung.

Um sie herum war es grün, auf den Wiesen leuchteten Blüten in allen Farben des Regenbogens. Sie liefen bereits seit einer Stunde einer Schotterstrasse entlang. Wohin sie liefen, wussten sie nicht. Sie liessen sich durch ihre Spontanität und ihre Wünsche leiten. Das kniehohe Gras war feucht und kitzelte auf der Haut. Ihre Schuhe waren nass und vom Schlamm schmutzig. Doch das machte ihnen nichts aus.

Die Liebe zwischen ihnen war an diesem Tag am stärksten. Das blosse Händchenhalten war nicht mehr genug, um ihre Liebe zu zeigen. Sie war zu gross und die Möglichkeit sie zu zeigen, so klein. Wie ein Feuer brannten ihre Gefühle, hell und heiss, eine kleine Sonne tief in ihren Herzen, verbunden durch gegenseitiges Verständnis und Hoffnung.

Sie tauchten in die Schatten des Waldes ein, wo Eichhörnchen die Bäume hinaufsprangen und Vögel zwitschernd davonflogen. «Ich wünschte, es wäre für immer so», sagte Ellena. Ihre Gedanken schwirrten um Emilia, ihre Gefühle waren von Zuneigung durchtränkt. Nur eine schwache Stimme in ihrem Hinterkopf liess sie daran erinnern, wie es in der realen Welt aussah.

«Das wird es».

Sie schauten sich in die Augen, die nichts anderes als Liebe ausstrahlten. Diese ganze Situation war so surreal und doch so perfekt, als wären sie zwei Prinzessinnen, die die Welt um sich verzauberten und Liebe verbreiteten. Es war, als wären sie in einem Traum gefangen, der nicht nur die tiefsten Wünsche offenbarte.

«Ich liebe dich so sehr», sagten sie fast gleichzeitig.

Für beide waren diese Worte zu wenig, fast schon unbedeutend. Sie waren nur eine Bestätigung, von etwas, was sie schon lange wussten. Sie küssten sich.

Lächelnd gingen sie schliesslich weiter. Nach wenigen Minuten führte ein kleiner Pfad einen Hügel hoch, den sie beschlossen hatten zu besteigen. Der Waldboden war von den Blättern vom vergangenen Herbst übersät

«Vorsicht», warnte Emilia, die voranging und auf rutschige Unebenheiten hinwies. Doch kaum hatte sie das gesagt, rutschte Ellena über eine schlammige Stelle aus und fiel auf den Rücken.

«Ellena», rief Emilia, die fast mitgerissen wurde. Doch Ellena lachte nur. «Erschreck mich nicht so».

Ellena erhob sich, die Kleidung und die Haare voller Schlamm und Blätter. Ihr Lachen hallte durch den Wald.

«Komm, ich helfe dir». Emilia lief zu ihr, wollte ihr Blätter aus den Haaren entfernen. Sie hatte noch keinen Schritt gemacht, als auch sie umfiel und mit Blättern und Schlamm beschmutzt wurde. Jetzt lachten beide. Sie lachten so fest, dass ihre

Stimmen das einzige Geräusch im Wald waren. Alles um sie war verstummt.

Ans Aufstehen dachten sie nicht. Stattdessen liessen sie einen Blätterregen auf die jeweils andere fallen, machten Engel im Schlamm und beschmierten ihre Gesichter, als wären sie Indianer auf den Kriegspfad. Sie alberten herum wie kleine Kinder. Sie spielten Ritter und Prinzessin, schleuderten sich gegenseitig Zaubersprüche an den Hals, verfolgten sich rennend durch den ganzen Wald, bis sie schwitzten, ausser Atem waren und schliesslich Arm in Arm am Waldrand auf dem Hügel sassen und die langsam sinkende Sonne beobachteten. Vor ihnen breitete sich eine weite Fläche aus, die mit vereinzelten Bäumen gespickt war. Wenige Kühe grasten auf der Wiese. Ihre Glocken klangen laut. Am fernen Horizont erhob sich ein Wald. Zwischen den Bäumen versank die Sonne und tauchte die Welt in einen rötlichen Schimmer ein. Die langsam nach Westen ziehenden Wolken schienen aus Feuer zu bestehen.

Sie hielten sich in den Armen und wärmten sich gegenseitig in den langsam durch die immer schwächer werdende Sonne sinkenden Temperaturen. In ihren Haaren waren immer noch Äste und Blätter zu finden, der Schlamm auf ihren Jacken und Hosen war getrocknet und blätterte an manchen Stellen ab. Sie sahen aus, als wären sie seit Wochen in diesem Wald verschollen. Der Gedanke daran war verlockend.

«Ich will nicht, dass es endet», sagte Ellena abermals, als die letzten Sonnenstrahlen hinter den Bäumen verschwanden, die Dunkelheit sich langsam ausbreitete und nur die Wolken Zeugen der Sonne waren. Denn obwohl der Abend magisch war und von Liebe überschwemmt wurde, schwebte eine dunkle Wolke der Vorahnung über ihnen.

«Bleiben wir doch einfach noch eine Weile».

Das machten sie auch. Sie blieben so lange, bis die Sterne sich zeigten, der Mond über dem Firmament glimmerte und nur noch die Konturen der Welt zu sehen waren. Ohne die wohltuende Wärme der Sonne war es kalt und ungemütlich, weshalb sie sich langsam auf den Weg machten. Immerhin hatten sie noch einen langen Heimweg und einen Bus, den sie erwischen mussten.

Der Mittwoch war bereits vorbei, als sie sich schliesslich verabschiedeten und sich ihre Wege trennten. Sie gaben sich einen Kuss und gingen erst nach weiteren zehn Minuten nach Hause.

## 12)

Es war das erste Mal seit langer Zeit, dass Emilia lächelnd nach Hause zurückkehrte. Es war das erste Mal seit langer Zeit, dass sie nicht an ihren Eltern dachte. Ellena war eine ständige Begleiterin und immer wieder durchlief sie den heutigen Abend. Es war, als hätte die Erinnerung daran die Angst vor ihrem Vater genommen.

Natürlich war das kompletter Blödsinn.

Emilia hatte ihre Angst nicht verloren. Sie war nur durch die Gefühle für Ellena verdeckt worden. Für einen kurzen Moment war die Liebe gross und stark genug, um einen schützenden Wall um die Furcht zu bauen. Er schien unüberwindbar, konnte die dunkle Masse unter Kontrolle halten. Wie ein Tintenfisch, der mit seinen Tentakeln um sich fuchtelte, schlug die Angst gegen die Mauer, wollte entkommen, wieder die Oberhand über ihren Körper erlangen.

Die Mauer bröckelte nicht. Sie war standhaft.

Sie lief die Treppen hinauf und öffnete so ruhig wie möglich die Tür zu ihrer Wohnung. Sie hatte gedacht, dass sie die einzige Person war, die noch nicht schlief. Für gewöhnlich war es zu Hause ab Mitternacht still, doch an diesem Tag war eine weitere Menschenseele noch wach. Denn kaum hatte sie die Tür mit einem leisen Einrasten des Schlosses geschlossen, stand auch schon ihr Vater vor ihr.

Und die Mauer war weg, verschwunden.

Die Angst war schlagartig wieder präsent, kaum hatte sie in die Augen des Mannes geschaut, der ihr Vater sein sollte. Er stand mit verschränkten Armen in der Küche, sein Blick war gesenkt, seine Beine verschränkt. Er lehnte sich an die Wand. Das schwache Licht der an der Decke hängenden Lampe erleuchtete nur sporadisch das Zimmer, was die drückende Atmosphäre noch beängstigender machte.

Emilia stand sofort still, doch ihr Herz begann zu rasen. Dass er um diese Uhrzeit noch auf war und auf sie zu warten schien, hiess nichts Gutes. Auch die Tatsache, dass neben ihm mehrere Bierflaschen standen, liess die Angst nur noch wachsen.

«Hättest du die Güte, mir etwas zu erklären»? Seine Stimme war leise, er sprach langsam. Er schaute auf. Seine Augen waren gefühlslos, leer. Doch sein Blick war nicht von Alkohol getrübt. Er war bei klarem Verstand.

«Ja, tut mir leid. Ich war mit einem Freund unterwegs», log sie. Ihre Stimme zitterte. Sie spielte nervös mit ihren Fingern, während sie seinem fragenden Blick auswich.

Es tat weh, Ellena zu verraten, indem sie sie geheim hielt. Sie hatte es nicht verdient, ein Geheimnis zu sein.

Doch so wie es aussah, war sie das schon längst nicht mehr.

«Lüg mich nicht an, Mädchen», rief er und schlug mit der Handfläche auf den Küchentisch. Die Flaschen klirrten, die Wände erzitterten. Sein Gesicht wurde rot. Er hob seine Hand und deutete mit dem Zeigefinger, der wie eine kleine Wurst aussah, auf sie. «Ich weiss genau, was für Sachen du mit dieser Hure treibst. Also hallt' mich nicht für den Blöden». Seine Augen fielen fast aus dem Kopf. Mit jedem Wort trat er näher an sie heran, mit jedem Schritt wuchs die Angst und die Panik in Emilia.

Was hier vor sich ging, hatte sie schon einmal erlebt, die Erinnerungen daran jedoch aus ihrem Gedächtnis gelöscht. Das hatte sie zumindest gedacht. Was vorhin von der Liebe in Schach gehalten wurde, tobte jetzt. Die Gefühle für Ellena waren kaum noch spürbar unter solch einem Ansturm, unter solch einer Panik, obwohl Emilia im Geiste nach ihnen rief.

«Zieh dich aus», forderte ihr Vater.

Sie schaute bei diesen Worten auf. «Nein, Dad, bitte nicht. Ich kann es erklären. Es ist nur ein blödes Missverständnis. Sie ist nur…».

«AUSZIEHEN»!

Die laute Stimme liess sie zusammenfahren. «Hilf mir, Mum», dachte sie und schickte einen Hilferuf ab. Doch er sollte nie beantwortet werden. Sie war wohl am Schlafen oder war betrunken, von ihrem eigenen Mann abgefüllt, sodass er freie Bahn hatte.

Ihr Vater war nun so nahe bei ihr, dass sie seinen Geruch riechen konnte. Eine Wolke aus stechendem Schweissgeruch hing über ihm, seine Kleidung roch nach der am Mittag gegessenen Pizza, gemischt mit Tabakrauch. Sein Atem stank nach Zwiebeln.

Sie tat, was er ihr sagte, und zog langsam und mit zitternden Händen die Jacke, die Schuhe und den Pullover aus. Sie fühlte sich nackt.

Dann trat er weitere Schritte nach vorne. Seine Handfläche fuhr über ihre Backe, als versuchte er, sie zu beruhigen. Sie zuckte zusammen und trat langsam zurück.

Sie wollte weg. Nichts wollte sie mehr. Doch die Angst hielt sie gefangen, fesselte ihren Körper, und hielte sie davon ab, nach Hilfe zu rufen.

«Ich werde dir zeigen, was eine Lesbe, eine verdammte Schwuchtel, verdient hat». Die laute rauchige Stimme ihres Vaters liess die Panik auf ein Maximum ansteigen, wie sie es schon lange nicht mehr gespürt hatte.

Sie wimmerte.

«Ich werde dir diese... diese Krankheit austreiben».

Er kam näher. Sein Bierbauch schwabbelte mit jedem Schritt. Dann streckte er seinen Arm aus. Sie spürte nur noch die Wand hinter ihr.

«Zeit für deine Behandlung».

Ab diesem Zeitpunkt an war sie wie gelähmt, folgte nur noch den Befehlen ihres Vaters. Sie war ein Zombie, ein Sklave der Angst.

Sie fühlte nicht mehr. Sie dachte nicht mehr. Was mit ihr passierte, liess sie einfach über sich ergehen, ohne sich dagegen zu wehren. Sie versuchte es nicht einmal.

Eigentlich hatte sie gedacht, dass sie innerlich bereits tot und nur noch eine lebende Hülle war, die alleine von der Liebe auf den Beinen gehalten wurde. Doch erst in diesem Moment wurde sie ermordet. Erst in diesem Moment hatte sie keinen Lebenswillen mehr. Erst in diesem Moment war die Liebe nicht mehr genug.

Und ihre Seele starb.

Alles, was sie noch wahrnahm, waren Schmerzen, der fette Bierbauch und das kalte Leder des Sofas auf ihrer nackten Haut. Sie liess es einfach geschehen.

Wie lange es dauerte? Das war nicht mehr wichtig. Sie sass einfach plötzlich im Dunkeln des Wohnzimmers. Alleine. Zurückgelassen. Sie wollte sich nicht mehr bewegen. Sie wollte einfach nur sterben. Hier und jetzt.

Doch so einfach war es nicht.

Die Sonne deutete ihren Aufgang mit einem schwachen Lichtschimmer am Horizont an, als Emilia sich aus ihrer Starre lösen konnte, und sich auf den Weg ins Bad machte.

Schlürfend und mit einem schlaffen Körper lief sie durch die Wohnung. In ihren Gedanken war nur noch etwas vorhanden: Ellena. Doch sie war nicht in Form einer Stütze da, eine Hoffnungsträgerin, die versuchte, sie zu retten, als ein Grund noch auf der Erde zu bleiben. Sie war in ihren Gedanken, weil Emilia sich Sorgen um sie machte.

Während sie heisses Wasser in die Badewanne laufen liess, schnappte sie sich die unter ihrem Bett liegende Briefumschläge und warf sie in den Briefkasten.

Dies war ihre letzte gute Tat.

Das Wasser war nur noch lauwarm, als sie zurückkehrte und sich in die Badewanne legte. Sie griff nach der dünnen Rasierklinge.

In diesem Moment war sie ganz ruhig, ihre wenigen Gedanken waren geordnet, ihre Gefühle waren still. Zufriedenheit und Erleichterung breiteten sich in ihrem Herzen aus, als sie die scharfe Klinge auf ihren Unterarm ansetzte und langsam zu drücken anfing.

Die ersten Blutstropfen fielen und bildeten ein Kunstwerk im Wasser, das sich immer weiter verdünnte und schliesslich verschwand. Doch immer neue Tropfen fielen und färbten das Wasser schliesslich rot.

Die Tränen kamen erst, als Ellena vor ihrem geistigen Auge auftauchte und sie als eine lächelnde Frau zeigte, zusammen mit ihren Kindern.

Das war das erste Mal, dass sie sich wünschte, sie nie kennengelernt zu haben. Nicht, weil sie schlecht für sie war, im Gegenteil. Sie war der Grund, wieso sie sich nicht schon nach dem letzten Umzug umgebracht hatte. Aber was passierte nun aus Ellena? Wer würde für sie da sein? Wer würde mit ihr durch harte Zeiten gehen?

Gelassenheit breitete sich aus, als sie einen weiteren Schnitt machte und das Blut in einem kleinen Rinnsal über ihre Hand lief. Die Luft sättigte sich mit einem leichten Eisengeschmack an. Und sie schnitt weiter. Sie war plötzlich so müde, wurde plötzlich so schwach. Doch sie schnitt weiter.

Ihre Augenlider waren schwer, fielen immer wieder zu, doch sie riss sich zusammen, wollte das beenden, was sie angefangen hatte.

Als sie ihren Arm nicht mehr über Wasser halten konnte, der Kopf zu schwer wurde und die Klinge ihr aus der Hand fiel, breitete sich eine wohlige Wärme in ihr aus.

«Es tut mir leid, Ellena», sagte sie mit letzter Kraft. Eine Träne fiel ins Wasser.

Dann wurde es dunkel.

Währenddessen schwelgte Ellena in ihren Erinnerungen an den Abend und träumte von ihrer gemeinsamen Zukunft.

## 13)

Ellena wartete vor der Schule, ungeduldig. Nervös trat sie von einem Bein auf das andere, knabberte an ihren Fingernägeln. Während Schüler an ihr vorbei liefen, hielt sie Ausschau nach Emilia, die für gewöhnlich früher da war. Auch als Ellena ungeduldig auf die Uhr schaute, ihr Nachrichten schickte und die Schulglocke zum ersten Mal läutete, tauchte sie nicht auf. Sie erhielt keine Antwort, kein «ich bin krank, tut mir leid» oder ein «bin zu spät, sry». Sie wurden nicht einmal gelesen. «Wo bist du, Baby?», murmelte sie. Die Minuten verstrichen und schliesslich läutete die Schule zum zweiten Mal. Der Unterricht hatte begonnen. Sie liess eine weitere Minute vergehen und trat dann ins Gebäude ein. Emilia war immer noch nicht aufgetaucht.

Drinnen war es bereits still. Nur noch vereinzelt rannten verspätete Schüler durch die Gänge, die mit einem Stapel Bücher auf dem Arm in ihre Klassenzimmer verschwanden. Ellena drehte sich ein letztes Mal zur Strasse und hoffte, Emilia vorzufinden.

Doch sie war nicht da.

Schliesslich trat auch sie in ihr Schulzimmer ein und setzte sich auf ihren gewohnten Platz, überrascht, dass Frau Heimlich noch nicht anwesend war. Der Raum war gefüllt mit lauten Gesprächen, die sich für einen kurzen Moment legten, als sie durch die Tür trat.

«Ist nur die Lesbe», sagte Leon lachend und wandte sich wieder seinem Gespräch mit Liam zu. Es vergingen weitere zehn Minuten, bis Frau Heimlich schliesslich kam. Diejenige, die ihr Eintraten bemerkten, waren sofort still. Andere hielten ihre Konversationen auf einem weiterhin lauten Niveau bei. Doch nach und nach wurde es still und die letzten Gespräche starben. Es war still. Alle schauten zu der Lehrerin. Doch Frau Heimlich verhielt sich anders als gewöhnlich. Sie hatte nicht um Ruhe gebeten oder «guten Tag» gesagt. Auch war ihr Blick gesenkt, als wollte sie den Kontakt mit den Schulkindern meiden. Sie legte ihren Rucksack auf das Lehrerpult, packte aber nichts aus.

Sie hielt einen Moment inne, schloss die Augen und atmete mehrmals tief ein und aus.

In diesem Moment begann ihr Herz schneller zu rasen. Irgendetwas war passiert. Was sie aber gleich zu hören bekam, war nicht das, was sie erwartete, was sie gehofft hatte.

Frau Heimlich lief langsam zum Tisch vor der Leinwand und setzte sich darauf. Sie verschränkte ihre Hände, als würde sie beten. Ihre Augen hatten seit ihrem Eintreten keinen Kontakt gesucht.

In diesem Moment hatte sie die Aufmerksamkeit aller Anwesenden. Es war fast klar, dass etwas Schlimmes passiert war, dass sie eine schlechte Nachricht verkünden musste.

«Ich wollte eigentlich nie so starten... aber...». Sie schniefte, schaute zum ersten Mal zur Klasse, die alle ganz still dasassen. Nicht einmal Leons Bande traute sich, einen Scherz zu reissen. Es war immer noch still. «Aber... Emilia... sie hat sich umgebracht». Ihr bisher neutraler Gesichtsausdruck veränderte sich und wurde zu Trauer. Sie begann leise zu weinen, hielt ihre linke Hand vor ihrem Mund. Eine Träne fiel. Und die Stille wurde deprimierend. Niemand holte Luft, niemand sprach, niemand bewegte sich. Es war, als hätte jemand den Ton ausgeschaltet. Es war, als hätte jemand die Zeit für einen kurzen Moment angehalten.

Ellena sass einfach nur da. Sie konnte ihren eigenen Herzschlag hören, der doppelt so schnell zu schlagen begann, nachdem er für einen Moment angehalten hatte. Wie sie sich in diesem Moment fühlte? Sie hielt die Aussage für einen Witz, als einen Art Spass, nichts weiter als einen weiteren Scherz im Namen des Mobbings.

Doch da waren Tränen.

Ellena konnte nicht wirklich glauben, was sie gesagt hatte. Keiner konnte es.

«Emilia? Unsere Emilia?», fragte eine Schülerin, nach einer unendlich langen Stille. Frau Heimlich nickte, wischte sich mit dem Pullover die Tränen aus dem Gesicht.

Alle Hoffnungen verschwanden.

Es war ein Schock. Diese Information, diese Wahrheit, zerstörte etwas in ihr, in dem Augenblick, als sie die ehrliche Trauer in den Augen der Lehrerin sah.

Doch sie konnte nicht weinen.

Die Situation war seltsam. Niemand traute sich etwas zu sagen, sich zu bewegen, ein Geräusch von sich zu geben. Niemand wusste, wie man damit umgehen sollte. Erst, als Frau Heimlich ihr Gesicht mit den Händen versteckte, fielen nun auch die ersten Tränen von Seiten der Schüler.

Doch Ellena konnte nicht weinen.

«Ich weiss… ich weiss nicht, was ich tun soll», schluchzte die Lehrerin. «Ich… ich weiss nicht. Ihr könnt raus gehen, wenn ihr wollt… oder…». Sie versteckte ihr Gesicht wieder hinter den Händen und schluchzte laut.

Zuerst blieben alle sitzen. Dann erhoben sich die ersten und verliessen Hand in Hand weinend das Klassenzimmer. In ihren Augen stand Schock.

Erst, als sie so gut wie alleine war, fielen die Tränen. Sie kamen einfach und waren unaufhaltsam. Bei jedem Atemzug zog sich ihr Herz schmerzhaft zusammen, blutete. Ihr Körper zitterte, ihr Blick starr auf einen unsichtbaren Punkt gerichtet.

«Das kann nicht sein», murmelte sie.

Der Boden wurde unter ihren Füssen weggezogen, Schuldgefühle breiteten sich schlagartig aus.

«Ey, geil. Schulfrei», hörte sie Noel sagen, der sich im Gang befand und sich offensichtlich freute, dass keine Biologiestunde stattfand.

Fast wäre sie aufgestanden und hätte ihm die Faust ins Gesicht geschlagen, dass er sich nie mehr trauen würde, mit einer Frau zu sprechen. Doch ihr Körper war gelähmt.

Frau Heimlich war nun die einzige Person, die noch im Raum war. Sie kam auf Ellena zu. Sie sagte nichts, hielt nur ihre Hand, versuchte so, ihr Beileid auszusprechen.

Doch mit der ersten Berührung war der Tränenfluss nicht mehr zu stoppen und die schwachen Versuche, die Trauer, die Tränen zu unterdrücken, waren vergebens.

«Wieso würde sie sich umbringen?», heulte sie.

Frau Heimlich schluchzte, antwortete aber mit einem leisen «Ich weiss es nicht».

«Wieso würde sie sich umbringen?», wiederholte sie erneut.

«Ich weiss es nicht. Es tut mir leid».

Sie fiel in ihre Arme, weinte, wie sie es noch nie zuvor getan hatte. Sie hatte nicht einmal so geweint, als ihr geliebter Hund starb. Frau Heimlich erwiderte schwach die Umarmung, tätschelte sanft Ellenas Rücken. Beide liessen den Tränen freien Lauf.

Doch Ellena fühlte keine Wärme, keinen Trost.

«Es tut mir leid».

Sie verharrten in der Umarmung mehrere Minuten. Frau Heimlich sprach zu ihr, doch Ellena nahm sie nicht wahr. Ihre Gedanken waren bei Emilia und nur bei Emilia. Wie konnte sie sich umbringen? Sie hatte nie darüber gesprochen, oder über Probleme, die sie offensichtlich gehabt haben musste. Nie hatte sie ein Wort über ihre Gesundheit verloren. Immer war sie im Vordergrund gewesen, immer ging es um sie. Es ging nie um Emilia. Leon hier, Leon da. Mum und Dad hier, Mum und Dad da. Es war immer Ellena gewesen, die gesagt hatte «ich kann nicht mehr». Emilia war immer sofort da gewesen und hatte sich darum gekümmert, was auch immer das Problem war, hatte ihr Bestes getan. Doch in Wahrheit hätte sie es viel mehr gebraucht.

Wie konnte sie so blind sein?

In diesem Moment wuchs der Hass in ihr. Nicht, weil Emilia sich umgebracht hatte. Der Hass galt ihr selber. Was war sie nur für eine schlechte Freundin? Sie hätte es bemerken müssen, dass es ihr so schlecht ging. Immerhin wusste sie, wie es sich anfühlte, so knapp beim Tod zu sein. Sie dachte, dass sie sich gegenseitig gut genug kannten, um in die Seele der anderen Person schauen zu können. Sie, als Freundin, hätte sie gut genug kennen sollen.

Doch sie war es nicht. Sie war wohl nicht die Freundin gewesen, die sie hätte sein sollen.

Dieser Gedanke schmerzte. Sie war enttäuscht von sich selber. Es war ihre Aufgabe, sich um Emilia zu kümmern, und es war die Aufgabe von Emilia, sich um Ellena zu kümmern. Sie war aber nur einseitig erfüllt worden.

Was war sie nur für ein egoistisches Schwein?

Sie hatte immer nur an sich gedacht, hatte immer ihre Probleme in den Vordergrund gestellt. Warum? Sie wusste es selber nicht. Vielleicht wollte sie Aufmerksamkeit. Vielleicht war es die Zuneigung, die sie ausnutzte. Vielleicht war es vollkommen etwas anderes. Wollte sie nur ihre Schwierigkeiten sehen und hatte die von Emilia nicht sehen wollen?

Ein anderer Gedanke entstand. Was sollte nur aus ihr werden? Ohne Emilia würde sie in wenigen Tagen, wenn nicht sogar in wenigen Minuten, nur noch eine alte Ruine sein, eingestürzt unter ihrem eigenen Gewicht.

Sie schob diese Vorstellung weg. Sie war genug egoistisch gewesen. Ihr Egoismus hatte ein Menschenleben gekostet. Doch wie konnte sie mit den Gedanken leben, die noch in ihrem Kopf herumwüteten? Die Antwort darauf war ganz einfach.

Gar nicht!

«Willst du zu deinen Mitschülern? Sie warten sicher draußen auf dich». Frau Heimlich hatte sich aus der Umarmung gelöst. Ihre Augen waren rot, das Make-Up war verweint. Sie wischte sich über das Gesicht. Wahrscheinlich sah Ellena nicht besser aus.

Sie nickte.

Eigentlich wollte sie nicht zu ihren Mitschülern. Was wollte sie bei ihnen? Sprüche mitanhören, die besagten, dass das jeder vernünftige Typ gemacht hätte, der mit ihr zusammen war? Nein, sie wollte lieber alleine sein.

Langsam lief sie zur Tür, wurde aber aufgehalten.

«Hör zu, Ellena. Ich weiss, wie stark eure Beziehung war, und es tut mir leid, was geschehen ist. Tut es wirklich. Wenn du Hilfe brauchst, bin ich immer für dich da. Auch die Direktion steht immer hinter dir».

Die letzten Worte hatte sie nicht mehr mitgekriegt. Sie war bereits weg. Ihre Versuche, sie aufzumuntern, waren nicht wirklich erfolgreich gewesen. Alles was sie gebracht hatten, war ein tieferer Schnitt in ihr Herz, und die immer mehr wahr werdende Tatsache, dass sie wieder alleine war.

Alleine.

Ihre Augen arbeiteten auf Hochtouren. Alles, was sie noch sah, war ein dichter Schleier aus Wasser. Ihr Blick war unklar, als würde sie durch zentimeterdicke Brillengläser schauen. Sie war auf der Suche nach dem Ausgang. Als sie schliesslich fündig wurde, war sie überrascht, dass sich die ganze Schule auf den Treppen und dem Schulhof befand. Sitzend oder stehend. In Gruppen oder alleine. Doch eines hatten fast alle gemeinsam. Sie weinten.

Zuerst huschte ein kleiner Luftzug von Freude durch ihre todtraurige Stimmung. Emilia war nicht als eine gleichgültige Person von dannen gegangen. Wie es den Anschein hatte, wurde sie nicht als ein gehasster Mensch angesehen.

Doch wo waren sie? Wo waren sie die ganze Zeit, als sie beide eine schwere Zeit durchmachen mussten? Nirgends.

Sie drehte sich um und verliess rennend die Eingangshalle der Schule. Wohin sie ging, wusste sie nicht. Die Füsse trugen sie einfach irgendwohin.

Sie wurde schneller, immer schneller, in der Hoffnung, dem davonzurennen, was sie in ihrem Herzen hatte. Aber mit jedem Schritt wurde es nur noch schlimmer.

«Nein, nein», flüsterte sie. Die Worte wiederholte sie immer wieder, immer lauter. Der Drang, ihren Gefühlen davonzulaufen, war überwältigend. Als sie schliesslich im Keller anhielt, war sie einem Zusammenbruch nahe. Sie drehte sich mehrmals im Kreis, schwitzend und weinend. Schreiend. «Emilia. Nein. Nein». Ihre laute Stimme hallte durch das ganze Schulgebäude.

Es war ein Schrei, der nichts anderes als Schmerz ausdrückte.

Sie erlebte Todesqualen.

Sie liess sich in eine dunkle Ecke fallen.

Alleine.

Emilia hat sich umgebracht? Wie... wie konnte das sein? Sie war doch immer die starke Frau, die sich so tapfer und unnachgiebig...

In Leons Gedanken stürmte es genauso stark wie auch bei Ellena, nur dass sich nicht Trauer ausbreitete, sondern Panik. Gemeinsam mit den anderen Mitschülern verliess er das Klassenzimmer, kurz nachdem Frau Heimlich die Nachricht überbracht hatte. Er war inmitten von weinenden Mädchen und Jungs, die ihn anzustecken drohten. Was seine Füsse machten, was sein Körper machte, war ausserhalb seines Einflusses. Er war zu sehr in seine Gedanken vertieft, hatte nur noch Emilia im Kopf.

Sie waren noch im Gang vor dem Schulzimmer, als Noel sagte: «Ey, geil. Schulfrei». Er grinste und stiess mit seinem Ellbogen Liam an, der sich ebenfalls über den Tod von Emilia zu freuen schien. Salomée war am Handy und lachte über ein Video. Doch er konnte das nicht.

Sie waren schliesslich auf dem Pausenhof und hatten sich als Klasse hingesetzt. Leise wurde geschluchzt, vereinzelt wurde gesprochen. Fragen, wie «ich dachte, Ellena wäre diejenige», tauchten auf. Doch richtige Gespräche konnten nicht entstehen. Nur von Liam, Noel und Salomée waren laute Stimmen zu hören. Natürlich sass er neben ihnen, doch er fand dieses Verhalten unangebracht. Sie rauchten, warfen Steine in einen offenen Rucksack einer Mitschülerin.

In diesem Moment wurde ihm die Tatsache bewusst, die ihn schon seit langem in den Wahnsinn getrieben hatte: Er gehörte nicht zu dieser Gruppe.

Die restlichen Klassen traten nach und nach aus der Schule hinaus, doch es blieb unerwartet still. Viele erwischte er, wie sie sich die Tränen wegwischten oder sich nicht mehr zurückhalten konnten. Sie fielen sich in die Arme, schluchzten. Der Name von Ellena fiel einige Male.

Was hatte er getan?

Er verfluchte sich selber. Er hasste sich selber. Wieso war er so ein Arschloch? Hatten seine Eltern ihn nicht gut erzogen, sodass er zu einem Gentlemen hätte heranwachsen können? Es war erschreckend, wie er sich verändert hatte, nur weil er einen Bruder bekommen hatte. Nicht, dass er all die Schuld in seine Schuhe schob, er war ja noch nicht einmal in der Lage zu rechnen. Es war alles ihm zu verdanken. Ihm selber. Wäre er nur nicht so gierig gewesen, als er noch ein Einzelkind war. Damals hatte er noch alles im Überfluss erhalten. Liebe, Geschenke, Essen. Als dann sein Bruder aus dem Nichts auftauchte, war die ganze Geschichte vom Füllhorn vorbei. Sein kleiner Bruder hatte sein Erbe angetreten und ihn in die Leere gestossen. Der darauffolgende Wunsch nach Aufmerksamkeit liess ihn manche Dinge machen. Zuerst versuchte er es natürlich bei seinen Eltern, doch er merkte schnell, dass er nicht mehr alles erhielt. Also begann er es sich in der Schule zu holen, was auch immer er zu finden suchte. Aufmerksamkeit? Ansehen? Wohlstand?

Doch auch nach vielen Jahren hatte er nicht wirklich etwas mit seinem vorgespielten Leon erreicht. Er gewann nur Furcht und Respekt, aber nicht die Aufmerksamkeit, die er wollte. Es war die Idee eines jungen Teenagers gewesen mit einer geistlichen Entwicklung eines Kindes. Obwohl er wusste, dass er sein Ziel nicht erreicht hatte, machte er weiter, begann sich die

Aufmerksamkeit bei den Schülern zu holen. Was auch immer es kostete.

Doch zufrieden war er damit nie.

Es wurde wohl plötzlich einfach zur Gewohnheit, und das Bedürfnis nach mehr wuchs immer weiter, obwohl er nicht wusste, was er zu erreichen suchte. War es überhaupt ein Verlangen nach etwas oder war es das unterbewusste Wissen, dass er sich auf dem falschen Weg befand?

«Ey, was ist los mit dir? Du heulst doch nicht um die Lesbe, oder»? Salomée riss ihn aus seinen Gedanken. Während seine «Freunde» sich totlachten und sich irgendwie über den Tod einer Mitschülerin freuen konnten, blieb er ganz still, hielt seinen Blick gesenkt.

«Nein, natürlich nicht. Sie hat nichts anderes…». Verdient. Das letzte Wort sprach er nicht aus, dachte es nur und hätte sich gerne dafür geschlagen. Er wollte nicht mehr so denken, so handeln. Sein Herz begann schneller zu schlagen, als er sah, wie die Schüler um Emilia trauerten.

Er hatte sie umgebracht. Der Gedanke war plötzlich fest verankert. Er konnte an nichts anderes denken, als dass er möglicherweise der Grund war, wieso sie sich das Leben genommen hatte. Was sonst hätte sie dazu veranlasst? Sie war eine starke Frau und wurde geliebt, bis zu dem Augenblick, als er sich Ellena näherte und Emilia einschreiten musste und in Panik geriet. Jeder tapfere Mensch hatte seine Schmerzgrenze. Und er hatte die von Emilia überschritten. Davon war er überzeugt.

«Oh, fuck», dachte er nur. Die Panik stieg, und als er in die vielen weinenden Augen blickte, hielt er es nicht mehr aus. Er stand auf und lief langsam, ohne Verdacht zu erregen, dass er auch trauerte. Auf seine Art und Weise. Doch er wurde nicht beobachtet.

Nur Salomée rief ihm hinterher. Er ignorierte sie.

Er lief direkt auf die Toilette, in der Hoffnung alleine zu sein. Er schloss sich in eine Kabine ein, als auch schon die ersten

Tränen hervortraten. Wem sie galten, wusste er nicht wirklich. Sie hätten genauso gut für seinen kleinen Bruder sein können. Er war einfach verwirrt. Sein ganzes Wesen hatte er hinterfragt, seit er begonnen hatte, sich als etwas Besseres zu fühlen als die Menschen um ihn herum, und noch mehr, seit er die Nachricht von Emilias Schicksal erhalten hatte. Er war einfach verwirrt, wusste nicht mehr weiter.

Der Gedanke, dass er ein Mörder war, verstärkte sich. Nein, er hatte niemanden umgebracht. Das hatte sie sich selber angetan. Doch das glaubte er selber nicht. Er wusste, dass er und seine sogenannten Freunde nicht unschuldig waren. Ja, er hatte die Klinge nicht geführt. Aber er hatte die Hand geführt, er hatte sie so weit gebracht, dass sie keinen Ausweg mehr fand. Wo war da der Unterschied?

Liam, Noel und Salomée. Er sah sie vor seinen Augen, wie sie vor ihn standen und ihm um Rat baten, was sie machen sollten. Was für schlechte Menschen sie eigentlich waren, was für schlechte Menschen sie alle waren. Sie folgten ihm überallhin, egal, was passieren würde. Ja, vielleicht hatte er ihre Naivität ausgenutzt. Aber mit ihnen war es so einfach, seine Ziele zu verfolgen und sie sogar zu erreichen.

Dann wurde alles plötzlich zu viel, und er übergab sich.

«Oh, verdammte Scheisse. Was hab' ich nur getan?», flüsterte er und hoffte, dass niemand sonst im Raum war.

Was dachte er da? Er musste nicht mehr den starken Leon spielen, der sich nahm, was er wollte, der jeden klein machte, nur um sich Respekt zu verschaffen, nur um Aufmerksamkeit zu bekommen. Er wollte nicht mehr dieser Leon sein.

Er öffnete die Kabinentür und wusch sich die Hände, spülte den Mund, um den ekelhaften Gestank loszuwerden.

«Es tut mir leid, Emilia. Es tut mir leid. Bitte, verzeih mir. Ich war nicht ich selbst. Ich wollte das nicht. Ich wollte das alles eigentlich gar nicht. Ich… es tut mir leid». Er schluchzte und hoffte, dass sie seine Entschuldigung in irgendeiner Form akzeptieren konnte. Er schlug mit der Faust auf das Waschbecken. Er schaute wieder in den Spiegel und erschrak. Ellena stand in der Tür.

Ihre Augen waren rot, die Wimpern verklebt von den vielen vergossenen Tränen, die Haare waren ungeordnet, als hätte sie sich an den Haaren gerissen. Sie sah aus wie eine Verrückte. Sie stand einfach nur da, ohne etwas zu sagen oder sich zu bewegen. Tränen fielen weiterhin. Sie sah aus, als wäre sie um mehrere Jahre gealtert, gezeichnet von einem unvorstellbaren Verlust und einer ungewissen Zukunft. Alles, nur wegen ihm.

Niemand traute sich etwas zu sagen oder sich zu bewegen. Nur die schockierten Blicke deuteten darauf hin, dass sie sich gegenseitig überrascht hatten.

Nach einer gefühlten Ewigkeit fand Leon seine Stimme wieder.

«Es tut mir leid, Ellena», schluchzte er.

Doch sie schüttelte nur den Kopf und rannte davon.

Im Gang traf sie auf Theo, der weinend stehen blieb, überrascht.

Er fiel ihr in die Arme.

## 14)

Die nächsten Tage vergingen, als wären sie ein Traum. Ein Alptraum. Ellena konnte die Tatsache immer noch nicht fassen, dass ihre Freundin tot war. Natürlich gab sie sich die Schuld daran. Sie hätte es sehen müssen, sie hätte es spüren müssen. Immerhin war sie ihre Freundin gewesen. Doch sie hatte es nicht gemerkt. Und das machte ihr zu schaffen. Die Schuld war eine schwere Last, die mit Was-Wäre-Wenn-Fragen begleitet wurde. Was wäre gewesen, wenn sie aufmerksamer gewesen wäre? Was, wenn sie nicht nur ihre Probleme in den Vordergrund gestellt hätte? Es machte es schwierig, in einen geregelten Alltag einzutreten und die Trauer verarbeiten zu können, wenn solche Gedankengänge ständig anwesend waren. Denn in der Schule war eine fast schon normale Stimmung eingekehrt. Nur noch Bilder in jedem Klassenzimmer erinnerten an Emilia. Die ganze Schule wurde über Mobbing und Selbstmord aufgeklärt, in der Hoffnung, dass es solche Fälle nicht mehr geben würde. Es war vielleicht auch ein Weckruf an die Mobber gewesen. Doch es war nicht der Grund, wieso Ellena plötzlich von Leon, Liam, Noel und Salomée in Ruhe gelassen wurde. Nachdem sie Leon auf der Toilette hatte reden hören und seine Tränen gesehen hatte, wurde es still mit Sprüchen gegen sie. Seine Bande hatte noch einige «Spässe» mit ihr gemacht, doch Leon hielt sie an der Leine. Auch die Mitschüler verhielten sich anders mit ihr. Sie waren offener, hatten nicht mehr so viel Angst, von Leon zurechtgewiesen zu werden. Sogar neue Bekannte fand sie. Auch Theo war wieder zu ihr zurückgekehrt, hatte sich hunderte Male entschuldigt, sagte, was für ein scheiss Feigling er doch sei. Verzeihen konnte sie ihm nicht wirklich, aber sie mochte seine Anwesenheit, auch wenn ihre Freundschaft nie mehr auf ein solches Niveau gelangen konnte, wie es in den guten alten Zeiten der Fall war. Sie bekam also Gesellschaft. Doch es schien nicht richtig zu sein. Brauchte es wirklich erst einen Todesfall, um die Augen der Menschen zu öffnen? Jedenfalls hatte sich vieles geändert. Aber nichts schien mehr einen Wert zu haben, jetzt, da Emilia nicht mehr bei ihr war. Denn obwohl sie neue Bekanntschaften geschlossen hatte, waren sie nicht genug. Das tiefe dunkle Loch in ihr wurde immer grösser. Irgendwie hatte sie die Hoffnung oder den Wunsch nach Gesellschaft verloren. Nichts und niemand konnte die Leere füllen, die Emilia hinterlassen hatte, die Leere, die vorher überquoll von Liebe.

Zuhause hatte sich ebenfalls vieles verändert. Naja, was war schon ein Zuhause? Sie war im Moment bei einer Gastfamilie, die sich um sie kümmern sollte, bis sich das Problem mit ihren Eltern gelöst hatte. Sie war dankbar dafür. Vielleicht auch, weil es Emilia war, die das Jugendamt benachrichtigt hatte und die Umstände erklärt hatte, die kein Kind erdulden sollte. Ihre letzte Tat beinhaltete nicht nur das. Auch hatte sie die Beweise an die Polizei geschickt, die sie über Leon und seine Gruppe gesammelt hatten. Ein Verfahren wurde gegen diese eingeleitet. Komischerweise löste sich die Gruppe kurz danach auf und die vier gingen unterschiedliche Wege. Des Weiteren hatte sie die Direktion benachrichtigt, dass es in der Schule einige Probleme mit Mobbing gab. Emilia hatte sogar einen Brief an Frau Heimlich geschickt, der besagte, dass sie sich um Ellena kümmern sollte. Emilia war auch noch eine Beschützerin, als sie bereits tot war, passte immer noch auf sie auf. Und Ellena hatte es nicht einmal geschafft, als sie noch auf der Erde war. Sie gab sich die Schuld an ihrem Tod. Sie erfuhr erst einige Tage nach ihrem Ableben, dass Emilia auch ihre eigene Familie angezeigt hatte. Und erst in diesem Moment hatte sie die Antwort darauf, wieso sie nie bei Emilia zuhause war. Ein gewalttätiger Vater, der seine eigene Frau und Tochter vergewaltigte? Eine drogensüchtige Mutter? Solche Alpträume hätte auch sie geheim gehalten. Milo und Fabio wurden ebenfalls zu einer Gastfamilie gegeben. Ihre Mutter musste eine Entzugsklinik besuchen. Ihr Vater hatte eine lebenslängliche Haftstrafe verdient. Was er Emilia angetan hatte, liess sie schaudern. Dass sie so gelitten hatte, erschwerte das Loslassen umso mehr, und die vielen Selbstvorwürfe hatten sich dadurch auch nicht verbessert. Sie hatte den Vater nur einmal getroffen, und sie hätte ihn am liebsten getötet. Es war auf Emilias Beerdigung gewesen. Alles, was man hören konnte, waren Schluchzer und Tränen, doch er? Er war emotionsloses Stück Fleisch, das wahrscheinlich nur traurig darüber war, ein Opfer weniger zu haben. Trauer oder Bedauern war in seinen Augen nicht zu sehen. Die Hoffnung, dass er sein restliches Leben hinter Gittern verbringen würde, beruhigte sie nur ein bisschen. Was ihre Mutter betraf? Sie war wohl zum ersten Mal seit mehreren Jahren nüchtern gewesen. Sie brach mehrere Male in sich zusammen. Entzug oder Bedauern? Immerhin hatte sie sich lange hinter Alkohol versteckt. Ellena lernte auch ihre älteren Geschwister kennen. Sie waren auch aufgelöst, bereuten, sie alleine gelassen zu haben. Es hatten alle Mühe, mit ihren Fehlern zurecht zu kommen. Denn sie alle hätten die Chance gehabt, Emilia zu retten.

## 15)

Ellena sass auf einer Brücke nicht weit von der Stadt entfernt. Es war kalt und die dichte Wolkenschicht verdeckte das Licht der Sterne und des Mondes. Ein frostiger Nieselregen fiel auf die schlafende Welt nieder. Die Kälte fuhr in Ellenas Glieder, liess sie zittern. Die Finger waren steif und schmerzten. Doch das machte ihr nichts aus. Denn der Schmerz war ein kleiner Bruder des Todes.

Da sass sie nun auf dem Geländer einer Stahlkonstruktion, die Füsse über den schwarzen Abgrund baumelnd. Nur das sanfte Rauschen des Flusses wies darauf hin, dass sich etwas unter ihr befand. Nur selten fuhren Autos über die Brücke, erhellten mit ihren Scheinwerfern die Landschaft, verschwanden aber wieder mit einem Brummen. Niemand schien sich um sie zu kümmern.

Ellena seufzte. Was sie hier machte, war für sie erschreckend und gleichzeitig beruhigend und doch wusste sie nicht, was sie dadurch erhoffte. Antworten?

Sie griff in die Jackentasche und holte einen ungeöffneten Briefumschlag hervor, auf dem ihr Name in einer verschnörkelten Schrift stand. Die Antworten auf ihre Fragen waren da drin, davon war sie überzeugt. Aber war sie bereit dafür? Was, wenn Emilia sie gar nie geliebt hatte und sie sich aus einem vollkommen anderen Grund umgebracht hatte, als sie es bisher gedacht hatte? Antworten waren oftmals schwer zu verkraften.

Sie war aber nicht auf der Flucht vor den Antworten, die in dem Abschiedsbrief standen. Wahrscheinlich würde sie sie nicht ertragen können, würde nur weiter in das dunkle Loch fallen, in dem sie sich seit Emilias Tod befand. Ein Unterschied machte das nicht.

Wovor sie wirklich versuchte zu fliehen, war die Realität. Sie zerrte an ihr, jeden Tag, jede Stunde, jede Minute. Die Tatsache, dass sie sich trotz neuen Bekannten immer noch alleine fühlte, alleine gelassen und hilflos auf dem weiten Meer aus Leere schwamm, machte den bodenlosen Abgrund unter ihr nur noch willkommener.

Sie würde Emilia wiedersehen.

«Was mach' ich nur hier»? Ein weiteres Auto fuhr an ihr vorbei. Schliesslich öffnete sie den Briefumschlag. Ihr Herz raste, Adrenalin schoss durch ihren Körper. Zwei gefaltete Blätter warteten darauf, gelesen zu werden. Doch die Angst hinderte sie daran.

Die Antwort war direkt vor ihr und doch zögerte sie.

«Emilia, bitte hilf mir». Tränen liefen über ihre Wangen. Der Brief war das Einzige, was sie von ihr bekommen hatte, als ein letzter Beweis, dass sie mehr waren als nur Freunde, dass sie überhaupt existiert hatte. Denn die Welt drehte. Sie drehte weiter. Einfach nicht mehr für sie.

Sie zog die Blätter heraus und faltete sie auseinander. Die wunderschöne Schrift von Emilia strahlte ihr entgegen. Doch sie war verschmiert, als wäre sie unter Tränen geschrieben worden.

«Liebe Ellena», stand geschrieben. Sie riss sich zusammen, biss sich auf die Unterlippe und wischte sich die Tränen aus dem Gesicht. «Reiss dich verdammt nochmal zusammen», mahnte sie sich. Sie beugte sich über den Brief. Die Blätter flatterten im Wind.


*«Liebe Ellena,*

*Wenn du das hier liest, bin ich wahrscheinlich schon tot. Ich kann mir nicht vorstellen, was du durchmachst, nur weil ich nicht stark genug war. Aber du musst wissen, dass ich dich liebe und dass das, was ich gemacht habe, nicht deine Schuld war.*

*Es schmerzt, diesen Brief zu schreiben, im Wissen, dass ich dich im Stich lasse, dass ich dich nicht länger beschützen kann, dass ich nicht mehr mit dir zusammen sein kann. Es tut mir so unendlich leid.*

*Aber du musst eines verstehen: Die Angst war ständig da. Ich hatte immer panische Angst. Vor meinem Vater, Angst davor, etwas Falsches zu machen, dass meine Mutter an einer Überdosis stirbt. Angst um dich. Und doch ist da diese gähnende Leere.*

*Seit dem ersten Tag war ich in dich verliebt, obwohl ich geschworen hatte, niemanden in meine Welt hinein zu ziehen. Doch ich konnte dich nicht einfach so im Stich lassen, auch wenn mich jetzt die Kraft langsam verlässt und ich nicht mehr lange durchhalten werde.*

*Du warst für mich die Möglichkeit, etwas Richtiges zu machen, ohne als Strafe geschlagen oder vergewaltigt zu werden. Du warst meine Stütze, Ellena, meine Sicherheit, nach der ich seit Ewigkeiten gesucht hatte. Leider war es für mich schon zu spät, als ich dich kennengelernt habe.*

*Zuhause war ich einfach leer und liess alles über mich geschehen. Es war nicht leicht, aber du hast meine letzten Wochen auf dieser Welt erträglicher gemacht, fast schon... normal. Ich fühlte mich wie ein Kind, wie ein Teenager, so lebendig, als hätte ich ein eigenes Leben. Aber das konnte mich nicht retten.*

*Aber das ist okay. Denn du solltest eines wissen: Wenn du nicht da gewesen wärst, hätte ich das Durchhaltevermögen schon längstens verloren. Also danke.*

*Bevor ich hier noch das ganze Blatt vollweine, noch etwas: Die Liebe, die zwischen uns besteht, ist real. Aber ich denke, dass ich auch für dich sprechen kann, wenn ich sage, dass etwas Hoffnung auf Liebe unsere Beziehung begünstigte. Die Hoffnung darauf oder der Wunsch geliebt zu werden.*

*Aber die Liebe ist real, Ellena. Das hätte ich nicht für möglich gehalten.*

*Ich liebe dich, Ellena.*

*Vergiss nicht: Unsere Herzen waren nicht nur durch Liebe verbunden und halten über das Leben hinaus zusammen. Ich werde als Schutzengel über dich wachen».*

Ellena liess ihre Arme sinken. Tränen fielen auf das Blatt, verschmierten die Buchstaben. Die Trauer wurde in diesem Moment nur noch schlimmer. Was hatte sie erwartet? Dass dieses Gefühl verschwand? Sie vermisste Emilia so sehr, dass sie es in ihrem ganzen Körper spürte. Ihr Herz zog sich schmerzhaft zusammen und ihre Glieder zuckten, als wollten sie in eine andere Welt fliehen. Sie würde alles tun, nur um noch ein letztes Mal mit ihr sprechen zu können, um sich von ihr verabschieden zu können. Denn das tat fast am meisten weh: die Tatsache, dass sie sich gar nicht richtig hatte verabschieden können. Sie hätte noch so vieles zu sagen, wollte noch so viele Gefühle teilen.
Doch die Möglichkeit blieb ihr verwehrt.
Jetzt blieben nur noch die Leere und der Gedanke, ihrem Beispiel zu folgen. Doch konnte sie das über sich bringen? Immerhin hatte sich einiges verbessert. Sie wohnte bei einer Gastfamilie, Theo war wieder so etwas wie ein Freund geworden, Leon hielt sich von ihr fern. Das war alles Emilia zu verdanken. Sie wäre vergebens gestorben, wenn sie sich auch noch umbringen würde.
Aber ihr Verlust schmerzte so sehr.
Plötzlich vibrierte ihr Handy. Sie legte den Brief zurück in den Umschlag, verstaute ihn vorsichtig in ihre Jackentasche und schaute auf das hell leuchtende Display.
«Wo bist du? Ich hoffe, du hast nicht vergessen, dass du bei uns eingeladen bist, oder»? Theo hatte ihr geschrieben.
Es war komisch, dass er plötzlich wieder in ihrem Leben war, nachdem er sich so plötzlich herausgeschlichen hatte.
«Ich bin in zehn Minuten bei euch», schrieb sie zurück.

Meinte sie das wirklich? Sie wusste es selber nicht.

Sie weinte immer noch, doch der Schmerz hatte nachgelassen. Sie schätzte Theo und seine ganze Familie, die für sie plötzlich mehr Familie war als ihre Mutter und ihr Vater. Sie waren für sie da, genau in der Zeit, in der sie eine Familie brauchte. Ellena atmete tief ein und aus, beruhigte so ihr schnellschlagendes Herz. Sie spürte immer noch die eisige Kälte in ihren Gliedern und das kalte Geländer, auf dem sie sass. Sie sah auch die unendlichen Tiefen unter ihr, die sich immer noch schön anfühlten, als würden sie nach ihr rufen. In diesem Moment hatte sie ihr Schicksal gewählt. Sie stand auf, schnappte sich ihren Rucksack und sah ein letztes Mal in die dunkle Tiefe.

Dann spürte sie nur noch eine wohltuende Schwerelosigkeit. Sie lächelte.